小學生正向習慣養成書

河榆丁——著
彭翊鈞——譯

序——

明明做一樣的事情，
為什麼有些孩子表現得特別出色？

我永遠不會忘記孩子誕生那一刻的感覺。不是因為分娩的痛楚，而是因為看到了那張努力想到這個世界上、略帶血色的小臉，還有那第一聲宣告著生命的啼哭，都讓我感動萬分。我立志成為最好的父母，無論處在何種困難中都要竭盡我的知識給孩子最好的教養。我無限重複播放據說能刺激智商發展的古典音樂；夜以繼日地播放英語CD，希望他能像母語者一樣說出一口流利的英語；也搜尋了一些昂貴的教學工具和有名的補習班。

「當孩子到四歲時，應該培養他們小肌肉的精細動作，像是使用剪刀的能力」、「五歲時應該要認識並懂得分辨注音符號」、「在上國小之前應該要能大致讀寫一些數字和國字」。我把這些教育的既定印象當作標準，努力地培養我的孩子。

偶爾看到孩子跟不上這些標準時，我心裡都會感到焦慮，擔心自己是不是做錯了什麼，因而深陷在罪惡感之中。等孩子入睡後，我便躲在棉被裡翻找大量的資料，日復一日地被資訊海浪淹沒、迷失方向，身心俱疲。是的，我也曾經是一個平凡的父母和家長。

●●●

還記得我剛開始當老師的時候，對一些每個科目都考接近滿分、學習很出色的孩子印象特別深刻。面對考卷，他們似乎閉著眼睛就能輕鬆寫出答案；也像是把整本課本背得滾瓜爛熟一樣，毫不猶豫地回答我的提問。當結束一天的課程、看著他們搭上校車離開時，我多麼希望我的孩子也能像他們一樣那麼會念書。

有時候隔了幾年，我可能會再次成為之前學生的班導師。儘管每次和學生的重逢都令人高興，但有時也會感到訝異。曾經是優等生的孩子，現在的成績卻表現平平，甚至低於平均的水準。「他們以前明明學習表現優異，怎麼會變成這樣？」當不斷反覆經歷這樣的狀況之後，我突然意識到：「念書並不是萬能的。」不僅是在學業成績方面，想要讓孩子在所有生活領域中成長，關鍵不在於智商。

在每天和孩子們相處的過程中，有時能清楚看見某些孩子身上散發著「無論做什麼都能成功」的光芒。這裡的「成功」是指可以想像得到，未來他們能找到自己真正想做且熱愛的事情並全力以赴，獲得和自己能力相符的地位、得到應有的報酬，並度過由自己掌握的人生。一個光明的未來（或是相對黯淡的未來）不是基於像「國語九十分、英文八十五分、數學九十五分」這樣的成績單來預測的，而是根據孩子在日常生活中自然表現出來的態度。而這樣的預感往往都很準確。有些孩子即使原本成績不好、或是不具備高智商，後來的表現卻可以非常出色，我教過的學生就是最好的證明。

當我看到這些成熟的學生時，突然意識到作為母親的我，太過專注於孩子學業上的枝微末節，卻沒有看見他們真正的潛力和本質。這讓我感到無比自責，作為教育者的我更是滿臉羞愧、眼眶泛淚。我所做的一切，無疑都是基於對孩子深深的愛，但同時我也明白，在孩子的幸福和成功的人生路上，其實有時候最大的阻礙就是用錯誤的愛和奉獻武裝自己的父母。

人們通常只憑藉智力測驗得到的分數來預測孩子的學業表現，而忽視了他們真正的成長潛力，我們就是在充斥著傳統觀念的世界裡養育孩子，面對那些教育機構的廣告，總是大聲宣揚「要讓孩子的智力得到發展，至少要做這項投資」，很少有父母能不被動搖。在「投資孩子未來」這句口號面前，父母的判斷力往往會變得模糊不清。也許正因如此，那些能激起父母焦慮的廣告，像是教具、題庫、套裝書都賣得特別好，而這些教育機構也總是擠滿了急於報名的學生。

有的人認為，必須比其他人更早開始、學習更多，例如射擊靶心的練習，每天練習一百次比每天練習十次對提升技能更有幫助，每個月讀三十本書的學生可能比起讀三本書的學生具備更強的文字理解能力，確實是很有說服力的觀點，因為練習量對於技能的掌握很有幫助，但這僅僅是提早開始和大量練習，並不代表一定能獲得更好的成果。不論是射擊還是閱讀，**「帶著正面的情緒、不輕易放棄、堅持到底、自主自律」才是更重要的**。

近二十年來，我遇到了很多孩子，每一個都是如此寶貝又可愛，都帶給我無法用任何東西來衡量的珍貴領悟，那就是孩子的心態和行為會左右其著成長經歷，而父母的心態、行為和話語也會影響孩子的成長經歷，這是我親身的深刻體會。

「你明明頭腦很好，成績為什麼這麼差？」
「我該怎麼做，才能讓孩子願意主動學習呢？」
「怎麼培養出一個樂觀又正向的孩子呢？」
「我想激發孩子的領導能力，該怎麼做？」
「如何讓孩子具備持續學習的毅力？」
「孩子因為失敗而哭泣的時候，我該怎麼辦？」
「如果要提振孩子的學習情緒，我該告訴他什麼？」

從孩子純真的眼神、表情以及他們真摯分享的故事中，我找到了這些問題的答案，也就是必須具備四種能力。雖然這四種能力並不能像成績或IQ一樣可以測量並轉化為數據，但卻對培養學習習慣有著決定性的影響，這四種能力是指「非認知能力」，也就是是「**積極性、主動性、自律性和復原力**」。擁有這四大要素，可以讓普通的孩子蛻變為出色的大人，也是我將最新的學習科學數據，套用班級裡的孩子之後所得出的結論。

積極性、主動性、自律性和復原力，不是用昂貴的教具或有名的題庫培養出來的，也不是由父母遺傳的天賦。這些是後天學習而來的能力，所以父母不需要因此感到愧疚，即使孩子現在看起來有些不足，也沒有理由限制他的潛能。

我們在這名為「COVID-19」漆黑又漫長的日子中度過了將近兩年的時間，當我們看到曙光的時候，世界也發生了巨大變化，可以真切地體驗到「一睜開眼睛就突然進入了未來社會」這句話。或許也因為如此，大家都急於掌握可以讓自己邁入未來社會的先進技術，父母心裡開始出現了一種危機感，好像不教孩子學習AI和程式，就會被世界淘汰。但越是這種時候，我們越需要平心靜氣，如果只是追著世界變化的速度，做各式各樣的嘗試，就沒辦法讓孩子紮根，想培養出擅長學習的孩子，就應該專注於根基。

幫助孩子成長，意味著我們需要讓孩子一步步學習獨立、展翅高飛，為此，父母需要學習逐漸放手。擔心孩子會失控嗎？害怕把孩子放進瞬息萬變的世界裡嗎？別擔心。從現在開始循序漸進培養孩子的積極性、主動性、自律性和復原力，孩子就能養成良好的學習習慣，並能夠運用自己的力量去適應環境。如此一來，孩子也會成長為一個出色的青少年，最終成為一個非凡的大人。

正因為深愛著孩子，我們就會有很多擔憂和煩惱，我將這本書獻給此刻依然為了成為好爸爸、好媽媽而努力的父母們。真心希望，我作為一位母親和國小教師所積累的將近二十年經驗，以及我所愛的學生帶給我的領悟，能夠稍稍減緩父母們的憂心。

目次

Chapter

02 培養正向習慣的力量① 積極性

Chapter 03 培養正向習慣的力量② 主動性

Chapter

04 培養正向習慣的力量③自律性

Chapter 05

培養正向習慣的力量④復原力

Chapter 01

別掉入高智商的陷阱

我們應該關注孩子的非認知能力，而不是IQ

＊書中出現的人名皆為化名。

IQ不能決定孩子的成就，學習態度才是一生的寶藏！

曾經擁有耀眼成績的孩子，怎麼變了？

和三年級孩子們一起上音樂課的時間總是特別忙碌。如果那天有音樂課，大家都會興奮地嬉鬧。在這樣的氣氛下，卻有一個孩子安靜地坐在那裡，那就是承厚。承厚折起課本的一小角，然後開始撕它。這時候連其他幾個孩子也開始盯著承厚，我覺得很納悶，就開口問了他。

「承厚，你怎麼了？」

「我不想唱歌。」

「不唱歌也沒關係。你想玩樂器嗎？」

「我也不喜歡樂器。我什麼都不想做。」

●●●

承厚說他不想唱歌，也不想玩樂器。從當下的情況來看，他可能只是不喜歡音樂，不過也可能是更深一層的原因，可能存在於孩子的內在，也可能是受到外在環境的影響，我們需要更進一步了解隱藏在這個行為背後的主因。詢問之下，原來是午休時間，承厚和一群同學玩鬼抓人，他是第一個被鬼抓到的，就因為這樣他就和「鬼」吵了起來。所以，他整節課都在撕課本，根本沒有在聽課。負面的情緒支配了承厚的心情和行為。

剛好在這段期間，學校實施智力測驗和性格測驗。承厚做完智力測驗的結果是排名前一%，尤其是數學和空間知覺能力的得分非常高，所以他解答數學問題的速度比其他人快很多，在幾何單元中出現的七巧板遊戲他也玩得比所有人好。在大家眼中，承厚是個聰明的孩子，但每次只要有其他同學做得比他好，他就會停下動作並想要放棄。

三年後，我再次成為承厚六年級的班導師。承厚的外表和行為都和三年前很類似，不過學業成績卻發生很大的變化。三年級的時候，承厚是班上成績前五名的孩子；到了六年級，他的成績卻退步得比平均程度更低。雖然他在智力測驗的數學和空間知覺能力依然得到了非常高的分數，但數學成績始終維持在七十分左右。

承厚曾經耀眼的成績到底消失去哪裡了？如果沒有消失的話，又是被什麼遮蓋了呢？當我看著承厚時，深深覺得學業成績的決定性因素並不在於智商。承厚的確可以比其他孩子更快地算出數學答案，也能迅速拼好困難的拼圖，但他卻不懂得怎麼處理負面情緒，很容易就選擇放棄。這種習慣剝奪了承厚發揮他優秀智力的機會。

其實在學校裡，有很多像承厚這樣聰明出眾卻無法充分發揮自己能力的孩子。小學低年級時期，學業上並不會遇到太大的困難，這點可以從放學後孩子們總是說「今天也玩得很開心」這句話看出來。因為這個時期學習和遊戲的界線還很模糊。

等到他們邁入中年級，學科分類變得更細，學習量也增加了。尤其是三年級出現的數學除法和分數單元，可能會讓某些孩子覺得很難，不過大部分都還是基本的運算，所以只要基礎好就能夠跟上。高年級的學習量和以前相比，又是更上一階的程度。

在過去的三年裡我並沒有直接指導承厚，但我卻可以想像承厚在學校生活的樣子。當課程變得越來越難的時候，承厚更可能選擇放棄而不是深入探究，結果這三年中教的概念都沒有在腦中積累。而且當他心情不好時可能會整天皺著眉頭、什麼也不做。無論一個孩子有多麼聰明，如果在展現才華的機會面前舉起雙手投降，那這種才能又有什麼用呢？

假如沒辦法控制情緒的波動，就不會有機會展現出智慧這一項天賦。如果因為一件小事心情受傷，搞砸了重要的事情，或者因為不能發揮真正的能力而選擇放棄，那麼這排名前一％的智商要如何才能真正發光呢？只有在自己的情緒允許才保證會成功、還要是自己喜歡的事等等條件都符合的情況下，才能發揮能力的話，我們會認為這是真正的能力嗎？

智商普通的孩子，是如何得到好成績呢？

六年級的雅妍和承厚同班，她是班上成績最好的孩子，不僅功課好，而且在日常生活的各個方面都非常出色。在承厚平均拿到七十分的數學考試中，雅妍通常能答對所有問題，或是只因為一個小錯誤而失分。我原本以為雅妍的IQ也很高，但三年前的智力測驗結果完全出乎我的意料。雅妍的IQ排名只有四九％。這又是另一個打破智商神話的時刻。

排名前一%和排名四九%的IQ，在學業成績上並沒有造成顯著的差異。那麼擁有普通智商的雅妍，又是如何拿到甚至連排名前一%的承厚都拿不到的成績呢？

我開始想要深入了解雅妍身上除了智商以外的其他特質，通常其他孩子只花十分鐘或二十分鐘寫完考題，就會開始做其他事情，雅妍總是反覆確認那些不熟悉的問題，或是檢查自己的答案有沒有錯，她每次都充分利用了完整的考試時間。日記作業每週只需要寫一到兩篇，但雅妍天天都會寫，然後請我幫她批改。雅妍是無論做什麼都非常努力的孩子。

●●●

一般我們都會認為聰明的孩子，書也會念得很好。的確有些孩子不需要特別努力就能獲得好成績，而有些孩子即使比別人多付出好幾倍努力也得不到好成績。於是有很多人認為，如果這麼努力都不能克服差距的話，除了智商之外，還有什麼原因能造成差異呢？當然，有些孩子確實是因為與生俱來的智商而獲得好成績，可是我們不能只根據一兩次的考試結果就作出判斷。如果觀察人的一輩子，也許會得出不同的結論。

有很多孩子原本表現很好，卻由於各種原因成績下滑。相反地，也有一些孩子原本表現平平，卻在國高中後來居上，展現出不凡的實力。我們可以從雅妍的行為中找到蛛絲馬跡，應該培養孩子的真正能力。事實上，大家所推崇的高智商，在生活中的影響並不大。

IQ只是孩子潛能的一小部分

還記得我念國中時，學校對全校學生進行了智力測驗。幾天後，班導師把我叫到辦公室，告訴我智力測驗的結果。

「榆丁啊，你的IQ是一百四十三。只要稍微再努力一點，你就能獲得更好的成績，明白了吧？」

雖然我至今還是不確定這數據可不可靠，但當時的我已經對自己充滿自信了。可是同一時間，我也擔心自己如果努力念書也拿不到好成績，就會證明我的IQ其實是假的。我希望別人認為，我成績差不是因為我不聰明，只是因為我沒有努力。

當時，我怕自己努力了成績還是不好，倒不如不要努力。所以那時的我總是故意表現出自己都在玩的樣子，因為我有一個錯誤的認知，我認為自己應該被大家當成一個天才，所以放棄了努力。

現在，學校已經不會再公開進行智力測驗，但仍有相當多的家長把孩子帶到私立機構進行智力測驗。如果測驗結果顯示孩子的IQ很高，家長們都會期待孩子可能是個天才；要是分數比較低，父母就會大為失望。然而單憑IQ並不能保證任何事情，別說是有一份好工作了，連班級幹部的位置都不能保證。

當然，高IQ可能代表著孩子有比較好的學習潛力，但是還沒有被發掘的潛能也不過是像字面上的意思一樣，潛藏起來了而已。許多家長會根據智力測驗的分數提前幫孩子設定一些期望值，這正是IQ的陷阱。

我還記得當知道自己的IQ是一百四十三之後，因為太過相信自己的天賦、對學業掉以輕心，這也是掉入了IQ陷阱。反過來說，假如知道自己的IQ只落在平均值、甚至低於平均值，可能會認為自己再努力也沒有用，這也是另一種形式的IQ陷阱。

曾有一段時期，智力測驗成果被當成是預測孩子未來成功的重要指標，但是現在絕大多數的人，普遍都認為這些測驗沒有辦法預測孩子成年後的成就。

著名的資優教育權威——約瑟夫．倫祖利（Joseph Renzulli）認為，社會上公認最成功的那群人，不一定是世界上智商最高的。許多曾經被新聞媒體大肆報導的天才，成年後反而過著極為平凡的生活，這也是基於相同的道理。不應該只根據IQ數據設定對孩子的期望，因為IQ只反映出孩子無限潛能的一小部分。

原來成為全校第一憑藉的並不是高IQ

還記得我國三時，班上的班長瑾熙是一個勤奮又正直的學生。瑾熙每天都比其他人更早到學校，打開教室所有的窗戶並熱烈歡迎班上的同學。在課堂上，當別的同學都不知道答案、不敢看向老師的時候，她會用清亮的聲音大聲回答；在下課時間，她會模仿喜劇演員，為班上的同學帶來許多歡樂。

有天我和瑾熙一起念書，當時距離考試還剩下一個星期的時間。我那時才要開始念書，不過她卻似乎已經複習完了、對考試內容十分熟悉，只是想再多看幾次而已。我因為考試近在眼前而感到焦慮，再看到她這麼從容不迫的樣子，於是有點生氣地問她：「上課內容你都已經讀過好幾次了，為什麼還要一看再看呢？」她停下手中的筆，猶豫了一下對我說：「我的頭腦不太好，所以需要比其他人複習更多次。我的IQ只有一百一十，我其實很羨慕你。」

瑾熙說，她也是被班導師叫到辦公室才知道智力測驗的結果。那天她知道自己的IQ只落在平均值的時候也很失望，可是更讓她難過的是班導師的表情和語氣。

瑾熙從那天起就下定決心，只有普通智商的自己如果想要超越平均值，就需要付出比其他人加倍的努力。她堅定地相信只要認真念書，一定可以超越IQ上的界限。和我這種以高IQ為藉口而不努力的人相比，瑾熙真的很了不起。

一個星期後，瑾熙在期中考試獲得了全校第一名。從那之後，一直保持在全校前三名，也因為出色的領導能力而被推選為學校的學生會會長。後來她更以優秀的成績考上首爾大學法律系，現在的她已經是一名律師，任職於一家知名的律師事務所。

●●●

在瑾熙的生命中，智商發揮了多大的作用呢？我們不得而知，但有一點可以確定，她比任何人都更加勤奮，不但擁有堅定做到底的決心，也能夠在朋友暗中嘲笑她是書呆子的時候，以微笑來回應。

藝術、數學、空間感、體能上的天分等等，都很難忽略遺傳的影響。我們會把這些智商延伸出來的各種才能稱為「天賦」，並用羨慕的語氣形容這是「與生俱來」的。

針對智商能否改變所進行的探討，到現在仍然眾說紛紜。根據內隱智力理論（Implicit theories of intelligence）分為固定理論（entity theorists）和增長理論（incremental theorists）兩種，那麼哪一種理論對學習有更正面的影響呢？

如果相信智商是固定的，人們往往會害怕被評價為低智商，而選擇儘量避免置身在艱難且具有挑戰性的情境中，這樣的人也喜歡在和別人比較的過程中設定學習目標，像是希望自己可以超越某某人或拿到第一名等，而且傾向選擇可以保證成功的簡單任務。以結果來看，這類人選擇的學習方式更重視可見的外在結果，而不是真正深入地學習。

相對地，相信智商可以改變的人，更容易擺脫和別人比較的心態，追求讓自己滿意的學習方式。換句話說，他們比較和競爭的對象是「過去的自己」，因此他們也會更加積極尋求真正的學習。

相信智商可以增長時，學業成績就會提升

有一項有趣的實驗和固定理論有關，在測驗前先讓某一組六十到八十歲的受試者閱讀一篇關於「衰老對記憶力的影響有多大」的報導文章，接著再進行記憶力測驗，結果平均的達成率是四四％。在相同條件下，另一群對照組的受試者沒有看這篇報導便直接進行測驗，最後平均的達成率則是五八％。這個實驗結果顯示，「或許我就是這樣」、「我可能也是其中之一」的心態，可能會影響到智力或體能測驗這種一次性的測驗結果。

「IQ很低所以學不會」、「據說女生數學都不太好」、「只有那些特別有天分的孩子才擅長運動和藝術」……這些在無意識中相信固定理論的信念，會對孩子造成多大的影響呢？我們都需要回頭檢視自己是不是基於固定理論，才在言語上和行動上告訴孩子「你是女生所以才學不會」或「你頭腦不好才做不到」這類的話。

「我在學校重新做了一次智力測驗，結果IQ是一百三十。看來只要努力念書，IQ也是可以提升的。」這是上高中後瑾熙告訴我的。

沒錯，智力不是固定不變，它可以藉由努力提升，也會隨著年齡變化。但不論IQ是固

定還是變動的，我都確信它並不是影響瑾熙學業成績的主要因素。對我們來說，智商到底是一種固定能力還是可塑能力其實並不重要。真正更有意義的事實是：「只要相信智商是具有可塑性的，就能提升學業成績的表現。」

史丹佛大學心理系教授卡蘿・杜維克（Carol Dweck）將相信智商可以增長的人、也就是持有成長型心態的人，和不相信的人分成兩組，針對他們的學業成績進行分析。結果顯示，相信智商會增長的學生，成績都會逐漸提升。

是要讓智商增長比較容易，還是改變心態比較容易？當然，改變心態是更容易的。在購買一些昂貴的教具之前，不如先改變心態吧！這不需要另外花錢，非常值得一試。

成功是由態度和習慣決定的

我在國小教書已經十七年了。如果連大學時期教小孩的時間都算進去的話，教學時間已經超過二十年。

一九九七年發生亞洲金融風暴，當時我父親的事業突然破產倒閉，我們一家四口擠在一間小小的雅房裡住了好幾年。因為家境困難，所以我從大學學費到生活費都是自己當家教賺來。幸好我的教學聲譽還算不錯，整週都沒有空檔，每天都有兩到三堂的家教課。

我的家教課，大部分都是由兩到六個學生一起上的小團體課模式，也因此讓我教到了很多個性和特質都不同的國、高中生。每個學生來上家教課的原因五花八門，有的是因為母親要求，有的是覺得某個科目很困難而主動向父母拜託，也有的是跟著朋友來的。

學生的上課態度和表現也大相徑庭。理解能力快和記憶力強的學生通常都能跟上課程，我原本預期這些學生的考試分數也會比較高，可是結果經常出乎意料。每當這種時候都讓我產生疑問：明明理解得很快、記憶力也很好的學生，為什麼成績會不好呢？

另一方面，有些學生總是說自己不太能理解概念，拜託我一再解釋。但神奇的是，這些學生的成績往往考得比我預期的還要好，讓我十分驚喜。優越的理解能力和記憶力並不能保證學業方面的成功，反而是那些理解力或記憶力不強的學生得到更高的分數。上著同樣課程的孩子，考試的結果卻和我設想的不一樣，這讓我非常困惑，因為當時的我認為理解力和記憶力都是與生俱來的天賦。

還記得有一個家教學生瀚星讓我非常喜歡、也印象深刻，當時他還在念國中二年級。我回想起和瀚星第一次見面的時候、他上課的樣子、交作業的品質、認真學習的態度，還有上課前的準備工作等等。那時候的瀚星在學業表現上並不是很出色，但是上家教課時他從來沒有遲到過，總是提前二十分鐘到，預習今天要學的內容。他會主動整理出自己的錯題筆記本，也會自己規劃並執行學習進度。如果我講到他不懂的概念，都會主動問很多次。遇到他覺得很難回答的問題時，也會把題目寫在筆記本裡，不斷練習直到清楚了解答案為止。後來瀚星在大學主修工程學，現在已經是一家擁有數十名員工的科技公司執行長。

●●●

正如前面提到過的，並不是只有從名校畢業、有一份穩定的工作並且取得一定的社會地位，才能算是成功的人生。我認為，像瀚星這樣找到自己真正熱愛的事情，目標明確、快樂地過生活，才是真正成功的人生。

想想我們生活周遭那些享受成功生活的人吧！請記得，他們之所以出眾並不是因為他們都擁有超群的頭腦，而是因為他們在生活的態度和習慣上與眾不同。

被稱為「菁英」的束縛和假象

「資優班」想甄選什麼樣的孩子？

那是我幾年前擔任五年級班導師發生的事。就像往常一樣，孩子們吵鬧卻又安靜，而安靜中又有爭執的跡象。正當我以為一切都安靜下來的時候，成民突然站起來把椅子高舉過頭，作勢要丟向智炫，同學們嚇得趕緊抓住成民的手。成民高舉著椅子的手臂不停地顫抖，後來他小心翼翼地放下椅子，接下來一整堂課都低著頭不發一語。

成民是科學方面的菁英，他在父母極力的支持和推動下成功進入科學領域的資優班。為了申請資優班，成民從學期初就開始努力參加各種科學探索比賽、創意競賽、科學發明大賽等，希望可以取得優異的成果。而參加這些比賽也需要班導師的積極配合，所以成民的父母時常請我幫忙提供後援。

成民在其他科目上的表現普通，不過在科學和發明領域卻表現出濃厚的興趣和出色的成果。或許父母也清楚察覺到成民的這個特質，所以才決定把資優班當作首要目標，他們不只是積極準備而已，甚至可以說是進入備戰狀態。

有一次，參加發明競賽的作品主要是成民父母完成的，結果，成民在被問到作品的設計概念和製作過程時，明顯不知道要怎麼說明，由於那場比賽除了作品本身之外，也會將參賽者對作品的介紹環節納入評分，成民因為這部分的成績不理想，最後沒有晉級。

幸運的是，他在另一場實驗觀察比賽中獲得了獎項，並在數學和科學實作測驗中拿到了不錯的分數，讓他得以順利進入資優班。當然，每個學校資優班條件都不相同，除了獲獎經歷和學業成績外，還需要經過天資測驗、創新問題解決能力測驗，以及創意性格測驗等。也許，成民並不是單憑獲獎經歷和學業成績被錄取的。但不管怎麼說，最終成民成功進入了資優班，看起來也似乎成為了一名科學菁英。

• • •

儘管成民成為了一名科學菁英，卻仍然不懂得如何處理自己的情緒，尤其是像憤怒的負面情緒。我帶成民的這一年，面臨過多次他情緒失控的問題。他無法控制自己的憤怒，會突然爆發出來，這也讓班上同學感到困擾，因為大家都不知道他什麼時候會突然生氣。

當事情超出成民忍耐的極限，他就會無法抑制自己的憤怒。更糟糕的是，他不知道怎麼用言語說出自己的情緒。所以當他感到不舒服時，他會選擇忍耐；而當他無法繼續忍耐時，他就會以丟東西的行為來表達他的情緒。

後來，成民不得不放棄辛苦考上的資優班，我從指導老師那裡得知，成民在參與菁英教育計畫時遇到了很大的困難，因為資優班的課程大部分都需要藉由討論和小組合作的形式進行，也會要求學生們共同完成研究專題，這種教學方式對於不太主動的成民來說無疑非常困難。除此之外，被分配和成民一起完成專題的學生也漸漸開始對他感到不滿。

成民的父母看到這一切後，覺得成民在這些課程中遇到了太多的難處，最後決定讓他退出，加上成民情緒問題變得越來越嚴重，讓他的學校生活也面臨不小的挫折，於是他在六年級的學期中轉到了其他學校。

兩年後，成民已經是個國中生，某天我接到了他父母打來的電話，幸運的是，他們說成民在學校的生活過得很順利，他們不再強迫他學習太多的東西，也不再要求他參加各種比賽，看著成民和朋友們相處融洽，開心地度過學校生活，他們感到非常滿足。他們說，現在才明白原來當時成民真正需要的不是菁英教育，而是有人照顧他的心情和面對生活的態度，聲音中充滿了遺憾。

在台灣每年六月，各地方縣市的教育局和學校都會公布資賦優異學生的資優鑑定辦法。主要的領域有數理、語文類，不過也包括了像是社會科學或自然科學等學術領域。所謂的「菁英」指的是同時具備「超越平均水準的學習能力、創造力，以及解決問題的持久力」這三種能力的孩子。解決問題的持久力是指碰到必須解決的問題時，是不是可以持續懷抱興趣和能量去解決它。總而言之，菁英教育不只是專門提供給那些與生俱來的天才，而是為了每個孩子提供更多激發潛能的可能性。

如果以百分比來看，前三〇％的孩子都符合這個標準。假設最頂尖的群體是前一％，那麼三〇％其實並不是一個很高的門檻。資優教育的目的是希望可以為眾多擁有天賦、潛力的學生提供更多的教育機會，同時鼓勵家長儘早發現孩子的才能，讓孩子接受適合的菁英教育。雖然每個學校的制度有些微差異，不過下面會大致說明資優生的選拔標準。

第一，學生在相關科目的學習成就必須達到一定的標準。學生必須將他們在學校的學科成績換算成相對應的數據之後，並經專家、老師推薦。

第二，參加政府機關或學術研究機構舉辦之國際性或全國性（指中華民國）有關競賽或展覽表現優異，獲前三等獎項。

第三，參與學術研究單位長期輔導之有關學科研習活動，成就優異，經主辦單位推薦。

第四，獨立研究成果優異並刊載於學術刊物，經專家學者或指導教師推薦。

正如資優教育的目的在於「促進每個人的自我實現，並為國家和社會的發展做出貢獻」。換句話說，具有出色領導能力的菁英，在社會貢獻方面也能獲得極高的評價。

在資優班課程中，團體學習的比例遠高於個人學習的時間。像成民這樣儘管學習表現出色，卻不太能適應團體生活，或是不斷堅持自己的意見、拒絕合作，這些孩子會覺得參與資優課程的過程很艱辛。

各縣市的教育單位或是各學校推動的資優教育計畫，在遴選時不是只單純關注擁有智商等天賦的學生，我認為這對於我們在教養子女方面具有很大的意義。可以和別人進行積極且正向溝通的能力、不僅是學業成績，還有主動進行項目計劃與執行的能力、基於自律性解決問題的耐心，以及在頻繁失敗中也不放棄的復原力，不論是資優生還是一般學生，這些都是應該積極培養的能力。

●●●

看似完美的孩子，也會有叛逆的時候

六年級的藝媛是一個看起來在各方面都十分完美的孩子。無論是辯論比賽、寫作比賽、科學研究還是數學競賽，藝媛都是學校的代表。她在各種比賽中都是獲獎常客，完全稱得上是資優生。我認為用「與生俱來的天賦」來形容她都不為過。

然而，即使是這樣完美的藝媛，她的生活也面臨了巨大的變化：進入青春期。到了六年級下學期，藝媛開始感到徬徨、迷茫。她似乎將全世界的不滿和悲傷都放在自己身上，變得越來越陰沉。不但在家裡不怎麼說話，連在學校也變得沉默寡言。

原本學業表現優異的她開始把功課放到腦後，在課堂上的態度也明顯不如以往，從前總是積極提問和發言，現在幾乎看不到了。更糟的是，她和附近的國中學生捲入了一些不太好的事，學校不得不多次召開反校園暴力委員會。

●●●

讓國小學生感到困擾的，不只是越來越困難的上課內容。當孩子們進入青春期之後，荷爾蒙的變化也會讓他們備受折磨。除了身體和外貌上的變化，內心的動盪也會讓孩子們覺得混亂。在大腦飛速成長的過程中，孩子們會表現出內心混亂的情緒和心情。

儘管男孩子發育的時間會晚一點，但許多孩子大概在五年級時就會開始經歷青春期的成長痛苦。雖然每個人的情況各不相同，但無論是對孩子還是父母，青春期都是一段非常難熬的期間，也是老師們不太願意教高年級的原因之一。

原本開朗、樂觀、和父母溝通良好的孩子，突然從某天開始只穿黑色衣服，外表總是披頭散髮的、看起來就和鬼一樣，並開始鎖上房門。他們表現出小時候不曾有過的叛逆，因為各種大小事和別人發生衝突。這些衝突和意外的嚴重程度也在逐步上升。

就連最適合「完美」這個詞的藝媛也不再努力學習，甚至引起了校園暴力問題，所以不論面對哪個孩子其實都沒有辦法真正放心。看著她的父母心中一定非常焦慮，但孩子本身也被捲入了他們無法處理的情緒旋渦中，這對孩子而言更是一個痛苦的時期。即使有些孩子天生智慧超群，卻有更多的孩子因為青春期而迷失自己，甚至選擇放棄。只要回想我們自己的青春期，自然就能同理孩子。

青春期孩子就像正在努力塑型的瓷器

四、五年級的學生家長會提前擔心並害怕孩子進入青春期。當他們因為無法理解孩子的行為而向其他人訴苦時，地方媽媽通常會建議：「把孩子當成客人對待吧！」我們都希望自己的孩子能快速且順利地度過這個階段，但這也是孩子在成長過程中必須經歷並面對的一大挑戰。

在成長發育的過程中，沒有比青春期的變動更劇烈的時期了。這段時期孩子在生理上和情緒上，都會面臨經常性的變化和波折。青春期同時是一個能夠讓孩子客觀看待自己的轉捩點，孩子也會在這段時間逐漸建立自我認知和身分認同。雖然青春期充滿動盪不安，但在這個時期，孩子的思想和行為水準會明顯提升，一步步成長為一個更加成熟的大人。

人體大腦的前額葉負責判斷情境並調節情緒或衝動，不過進入青春期，前額葉的功能就會暫時下降。所以這時的孩子沒辦法控制好自己的情緒，會直接表現出來。從父母的角度看，可能會覺得孩子的攻擊性行為令人震驚，但這也是成長過程中很自然的現象。

現在，在我們身旁嘰嘰喳喳的孩子就像一個正在努力成形的瓷器。一個完全成形的瓷器可以盛裝各式各樣的食物，然而在成形的製作過程中，絕對無法盛裝任何東西。孩子在這個階段的不完美，是一件再正常不過的事情了，所以我們不應該拿他們和那些已完成的瓷器互相比較。製作瓷器的原料，是他們身上被賦予的遺傳因子。現在我們應該做的就是要努力讓這些材料能夠完全發揮潛能，全心全意讓孩子這個瓷器可以順利成形，並且確保他們在成形的過程中不會受傷。

我們該傳承給孩子的價值

學習成果優異的孩子，具有跟別人不同的態度和習慣

「叩叩。」

當我察覺到門外有一道躊躇不前的身影時，我主動打開了教室的門。

「你是……哪位呢？」

「請問……您是河榆丁老師嗎？」

這名小心翼翼地和我說著話的大人，說他是大人似乎又太過年輕。

這時我的腦海中瞬間浮現出一個小孩的臉。

「啊！你是……？」

「老師，我是以前黃山國小五年六班學生成祿。您還記得我嗎？」

站在教室門口的身影居然是我九年前的學生成祿。看到面前已經長大的他，我忍不住露出了開心的表情。在這一刻真摯地表達出我心中感受，遠比維持作為老師的面子來得重要多了。

成祿的個子長高了很多，他小心地把高䠷的身軀擠進小小的書架旁。這一天，成祿和我分享了他過去這九年來的生活故事。成祿現在已經是名校大學生，看著他臉上燦爛開朗的微笑，那天下午的陽光也變得格外溫暖。

九年前，在一間喧囂的五年級教室裡，平頭造型的成祿（其實更像是光頭造型）正忙著揮動著他的鉛筆，記錄著剛才學到的社會科知識。

一旁的同學驚訝地問他：「成祿你有必要把這些全都抄下來嗎？」

「現在抄下來，我才能好好記住。回家後要複習才不會覺得太困難。」

笑著回答這句話的成祿，還有他繼續振筆疾書的樣子吸引了我的目光。成祿確實是個學業表現不錯的孩子，儘管沒有到特別出色的程度，但是他卻比任何人都要更開朗和認真，從來都不曾半途而廢或偷懶。

每次考試之前，他甚至會幫自己設計複習考題和同學分享，通常他的考試成績在全班三十個學生中都會落在第十名左右。不過有一件事在所有人眼中他絕對是第一，那就是他上課的態度。

他在上課之前會事先預習課程內容，在上課時間也會一直專注地看著老師。只要是我在課堂上說的話，他都會很快地抄寫在筆記上，然後把這些筆記本帶回家複習，並自己製作所有學習筆記，即使沒有任何人要求他這麼做。

成祿在教室裡從來不會大聲說話，當他有話想說時，他會走到我的身旁告訴我。雖然他是個安靜的人，不喜歡吵吵鬧鬧地玩耍，但他和一些個性相近的朋友們相處得很好。成祿的父母經常擔心他太過內向，但成祿表現得非常好，沒有任何問題。

「老師，這是我在大學裡念的書。」成祿小心翼翼地打開他的書包，拿出了一本厚厚的大學教科書遞給我。我打開了那本經濟學課本，看到裡面滿滿都是密密麻麻的筆記、圖表，以及貼在各個地方的便條紙。成祿讓我看到他現在依然持續付出努力的模樣，我也再次稱讚了他的學習態度。我覺得他似乎已經擁有足夠的心理韌性，即使未來可能會在人生中遭遇挫折，也有力量可以再次站起來。那本厚重的原文書讓我預先看見了成祿的未來，彷彿是他在告訴世界：我今天依然會全力以赴！

●●●

我們無法理所當然地斷定，就讀名校就是一個孩子成功的指標。不過，我認為即使孩子的考試分數低於八十分，他也絕對不會永遠只能考八十分，我相信成祿畢業後一定會成為人人稱羨的優秀人才。

未來學業成就的關鍵在於「非認知能力」

曾經獲得諾貝爾經濟學獎的芝加哥大學經濟學教授詹姆士·赫克曼（James Heckman），在一九九〇年代末期研究了美國綜合教育發展計畫，也就是所謂的ＧＥＤ（General Education Development）。ＧＥＤ是為了當時無法順利從高中畢業或是無法就讀高中的學生，能有機會獲得和高中畢業相同學歷的方案。隨著時間的推移，利用ＧＥＤ完成高中課程的學生數量也不斷地增加。

在這之後，赫克曼追蹤並比較了一般高中畢業的學生和透過GED完成高中課程的學生之間的不同，研究結果令人震驚。一般高中畢業且完成大學教育的學生占整體學生總數的四六%，而透過GED完成高中課程且完成大學教育的學生只占整體學生的三%。兩組學生的智商數值差異並不大。在當時，很多人都以為最大的因素在於認知能力等與生俱來的才能，然而這項研究卻闡明了高智商對成功的影響並不大。

此外，赫克曼也發現那三%的大學畢業生，和其他九七%沒有大學畢業的學生之間的區別。那三%的孩子喜歡與朋友合作，而且對於完成課程有一定的自律性。儘管大學畢業和取得學位並不是衡量成功的標準，但可以確定的是，其達成條件不是像智商這類的認知能力，而是「非認知能力（non-cognitive ability）」。

為了持續發揮閱讀、記憶和解決問題的認知能力，必須先有非認知能力作為基礎。那三%沒有在中途放棄，而是能夠堅持到底完成學業的孩子，就是生活中充滿了這些非認知能力，才能擁有足夠的品格素養來面對人生。

說到這裡，我們該為孩子做的事情，就是找出他們真正需要的非認知能力，並且了解如何培養這種能力。換句話說，**非認知能力就是孩子可以自我管理的重要因素**。像成祿這樣的孩子，他們會更加執著地磨練自我管理的領域，也就是充實非認知能力的部分。

讓人充滿期待的孩子有四大共通點

在這二十年間我遇過許多孩子，其中有些孩子令人充滿期待，而有些孩子則讓我擔心不已。在這些讓人充滿期待的孩子身上，我發現了四個共通點。

第一，**他們即使面臨絕望時，也會展現出與眾不同的積極性（Positiveness）**，不僅能讓他們面帶微笑平靜地接受現實狀況，更能成為他們生命的動力。

第二，**他們展現出能夠自己主動計劃並實踐的主動性（Initiative）**，這是可以迅速應對未來變化的最佳能力。

第三，**他們擁有面對任何課題都不會放棄的自律性（Self-discipline）**，這是一種懷抱認真態度、堅持到底的能力，能夠幫助他們取得碩大的成果。

第四，**他們具備能在困境中重新站起來的復原力（Resilience）**，意味著即使經歷失敗，他們也不會感到沮喪，而是會勇於接受並獲得更大的進步。

這四項特質正是我所注意到的非認知能力。有人可能會問，這些未來深具潛力的孩子所呈現的四種特質，是否也受到了「智商」的影響呢？當然智商也是重要的，但如果沒有良好的「態度和習慣」作為支持，再高的智商也無法發揮它應有的作用。更何況，我們大腦當中可以用來運用認知能力的空間，只占了幾個百分比而已。

如果我們只依賴並相信智商這種先天才能，就會無法充分發揮真正的潛能。如果驅動潛能的馬總共有一百匹的話，智商只占其中的一匹，非認知能力則占了九十九匹。你希望有多少匹的馬來驅動孩子的潛能呢？

培養正確態度和習慣，才是能用一輩子的養分

父母對於才能抱持著何種信念是非常重要的。父母重視的是孩子的能力還是他們的努力，都會對孩子產生深遠的影響。後天的非認知能力比先天的認知能力更能使未來產生變化，當我們向孩子傳達這樣的信念時，可以對孩子的成長帶來更正面的效果。

偶爾，我會碰到一些覺得沒有傳承特殊天分給孩子而感到抱歉的父母。我總是告訴他們，後天培養的非認知能力比起天生的才能更有價值，尤其是積極性、主動性、自律性和復原力。

我經常看到很多擁有強健基因的孩子，這些孩子的優秀並不是來自於從父母那裡繼承的天賦，而是在成長過程中培養出來的生活態度和習慣。積極性、主動性、自律性和復原力是人生中永遠不會枯竭的養分，而且這些人生養分還會隨著不斷使用而變得更加豐富。我們需要記得的是，許多為社會做出貢獻的人都是基於他們本身的特質，才能在社會上獲得成功。

多數的父母都把孩子的學業成就當作目標，所以傾注很多心力關注學業成績，卻對非認知能力不太了解，這一點真的讓人深感遺憾。在孩子成年之後可能會經歷無數的挫折、再復原的循環過程，而國小時期就是學習如何面對的階段。如果總是只挑戰保證能獲勝的事情，就會失去很多機會。即使面臨各種失敗，也要能懂得拋開負面情緒，為下一次的機會做好準備，才能成為一個成熟的大人。在青春期承受著成長轉換的困難時期，更需要培養孩子內在的力量，讓他們能夠更好地調節自己的情緒，減緩面對各種刺激的反應。

如果一味地將智商當作一種神話看待，可能會讓孩子誤以為自己得到了豁免權，不需要承受必須付出更多努力的壓力，甚至也可以幫自己的低成就找到合適的藉口。假如把天賦和成就劃上等號，會使得孩子再也無法提高想去嘗試的動機。這正是我們需要關注非認知能力而不是智商這種先天才能的重要原因。

你的態度就像是為世界上色的彩色蠟筆。
如果一直塗上灰色，你的畫面將永遠是灰暗的。
加入一些幽默，增添一些鮮豔的色彩，你的畫面將變得更加明亮。

——艾倫．克萊恩（Allen Klein）

Chapter

02

培養正向習慣的力量

①積極性

抱持「我能做好！」的信念，

學習就變得輕鬆了

首先，教孩子學會處理負面情緒

孩子總是問，為什麼沒有同學要跟我玩？

下課鈴聲一響，二年級的昭允就把雙臂疊放在課桌上，然後將頭一埋，就這樣一動也不動，直到下一節課的鈴聲響起為止。

新學期開始到現在已經一週了，昭允在下課時間總是躲開別人。她似乎沒有特別要好的朋友，就連去年的同班同學也不和她一起玩。除了上廁所之外，昭允總是靜靜地坐在課桌前，不然就是趴在桌子上。

我注意到，在一群歡聲笑語的孩子們中，昭允看起來特別沮喪。我擔心她是不是不適應新學期，或者是交友方面有問題，又或者是她有不方便說的事情。

「我可以一起玩嗎？」

「這是兩個人一組的遊戲，可是我們不是一組的，下次再一起玩吧。」

昭允害羞地開了口，但是被同學們以「不是同一組」為由拒絕了。昭允覺得同學們不是拒絕跟她一起玩，而是拒絕跟她交朋友。

「沒有人喜歡我。」昭允如此對我說。她想要和同學們好好相處，但她覺得很難。她說同學們都討厭她，無論做什麼都會被拒絕；以為是自己長得不好看，個性也不好，所以同學們不喜歡她。當她這樣說時，我內心真的很難受。

●●●

導致負面想法的三種思考方式

即使經歷同樣的事件，每個人接收和解讀的「過濾器」大小都不同，質量也不一樣。發生不好的事情時，有些人會視為偶發事件，或者認為在所難免，而另一種人則會認為事情是因他而起的，並認為糟糕的情況會持續下去。

負面想法通常具有三種特徵，也就是所謂的3P：永久化（permanence）、全面化（pervasiveness）、個人化（personalization）。「永久化」是指認為該事件並非一時的或偶發的，而是無限發生的。「全面化」是指將事件擴大解讀為自己生活的全部而非一部分，這種思維模式傾向於將某些領域發生的負面情況擴大為整體問題。「個人化」是指在面對逆境時，將事件的起因歸咎於自己，一味認為是自己的錯。個人化與「自尊心」密切相關，因此不僅會傷害自己，還會影響自己與其他人的關係。

負面想法有時會以悲觀的解讀方式呈現。在此將悲觀的解讀方式和樂觀的解讀方式進行比較：

悲觀的解讀方式	樂觀的解讀方式
永久化	暫時化
全面化	特定化
個人化	外部化

持消極態度的孩子通常會認為目前發生的問題都是自己造成的，並認為情況不會改變。另外，由於他們認為情況永遠不會改變，因此不會主動採取任何行動試圖解決問題。

消極的孩子可能會用以下方式悲觀地解讀情況：

- 就算新學年開始了，我的同學也肯定不會喜歡我。（永久化）
- 我長得醜，個性又不好，哪裡會被接受？（全面化）
- 沒有同學要跟我一起玩，是因為我個性不好又長得醜。（個人化）

反之，積極看待事情的孩子可能會用以下的方式理解，認為目前發生問題的原因不在自己身上，而是因為遊戲規則的關係，然後嘗試解決問題。

- 這個遊戲規定要找人組隊，所以我不能插隊。（暫時化）
- 我可以找個搭檔，不然就去玩其他不需要搭檔的遊戲。（特定化）
- 這個遊戲需要分組玩，所以要有搭檔才能參加。（外部化）

情緒的種子是由父母播下的

雖然再過幾個禮拜就到了學校的親師會談週，但我不能坐視不管，所以我決定去見一見昭允的媽媽。昭允媽媽在家照顧未滿週歲的二寶，看起來非常疲憊。儘管如此，為了能多幫助昭允一點，我還是開啟了話題。

「昭允媽媽，我覺得我們應該幫助昭允跟同學們好好相處，開開心心地上學。」

昭允媽媽嘆了口氣，然後說道：「可能是因為昭允像我一樣長得醜，而且又內向，所以同學們才不喜歡她。她有好幾次都跟我說同學討厭她，但這也有可能是因為昭允有點敏感。其實我也覺得養昭允養得很累，還不如她那個不會說話的妹妹。」

• • •

昭允媽媽的回答非常消極。她把昭允在學校遇到的困難歸咎於昭允的外貌和性格等內在問題，而且她還拿昭允跟還沒學會說話的妹妹作比較。由此可以明顯看出，昭允的負面情緒不僅僅是受到自己的影響。

你是否會覺得昭允媽媽太過分了呢？當然，不只是昭允媽媽，我們有時也會不經意向孩子傳遞負面情緒。即使沒有直接說出傷人的話，但我們無意識中發出的嘆息聲、視若無睹的眼神、怒氣沖沖的腳步聲等，都傳遞了比言語更強烈的負面訊息。

孩子們對外在環境很敏感，而父母正是最大的環境因素。因此，在稚嫩敏感的孩子面前，父母的每一個表情、眼神、言詞都需要小心。有人主張不應該像對待玻璃器皿一樣對待孩子。這句話並沒有錯，但是根據孩子的性格，養育風格也應該有所不同。有需要小心呵護的孩子，也有需要冷靜反應並觀察的孩子。像昭允這樣敏感、柔弱的孩子，不能因為期望他們變得堅強就急於強迫他們。

在奠定穩固的內在積極性之前，父母一句充滿愛與信任的言語，對孩子來說至關重要。當孩子的積極性得到一定程度的保障時，我們才能稍微退一步觀察。如果孩子很敏感，我們是否應該先讓他們穿上一件堅固的防護衣來保護自己呢？雖然性格是先天的，但積極性可透過後天的學習形成。

●●●

教孩子處理情緒時，先檢視父母的情緒

在觀察孩子的負面情緒之前，需要先檢視父母的情緒，因為父母的情緒會原封不動地傳達到情緒過濾器發展不足的孩子身上。現在，請父母回答以下問題，並用「非常同意（5）／同意（4）／一般（3）／不同意（2）／非常不同意（1）」來標示答案。

1. 當孩子表現出沒有自信的樣子時，我會催促他。（　）
2. 我覺得我把不好的個性傳給孩子了。（　）
3. 我經常擔心孩子的問題，擔心到三更半夜。（　）
4. 我經常訓斥孩子。（　）
5. 我經常在孩子面前嘆氣或者露出陰鬱的表情。（　）
6. 我覺得我的孩子天生就很悲觀。（　）
7. 我覺得我的孩子的個性不會改變。（　）
8. 面對孩子的負面情緒時，我會變得更消極。（　）
9. 我很難專心聆聽孩子說話。（　）

10. 我常常因為孩子而生氣和傷心。（　）

這並不是一份以分數高低區分好壞的問卷。這份問卷的用意，是要幫助我們檢視自己平時有多麼專注於聆聽孩子說話，反應是否恰當，以及因為孩子而產生了多少負面情緒，而身為我們又是如何表達這些情緒。

關於「1當孩子表現出沒有自信的樣子時，我會催促他」和「4我經常訓斥孩子」這兩個問題，如果你的回答是「非常同意」，那麼孩子可能會形成「我不夠好」的這種自我概念。父母或許只是因為著急而催促孩子做得更好，或者訓斥孩子，但孩子卻可能因為誤解而導致自我貶低，失去自信，表現出更加畏縮的樣子。看到這種情況時，父母可能會再次當著孩子的面嘆氣。在這瞬間，孩子和父母的情緒都將一起跌到谷底。

如果你對「3我經常擔心孩子的問題，擔心到三更半夜」、「5我經常在孩子面前嘆氣或者露出陰鬱的表情」、「8面對孩子的負面情緒時，我會變得更消極」都選擇了「非常同意」，那麼你可能認為自己並沒有直接責備或者訓斥孩子，不會對孩子造成什麼負面影響。但是有時比起言語或文字等語言訊息，表情或肢體動作等非語言訊息對孩子造成的影響更大。當孩子表現出負面情緒時，如果父母過於投入而超越了共情，陷入更大的負面情緒，孩子看到父母這個樣子就會感到更加不安。

至於「6我覺得我的孩子天生就很悲觀」和「7我覺得我的孩子的個性不會改變」，如果你的回答是「非常同意」，那麼你可能經常對孩子說出「這樣又有什麼用呢？」這種夾帶自嘲的話。性格不是與生俱來、無法改變的，也沒有人天生就是悲觀的。性格是在環境的影響下塑造出來，它可以改變，也可能會固定下來。

處理負面情緒的正確態度

如果你已經檢視了自己的教養「情感」，現在就讓我們檢視「行為」吧！你是否會直接對孩子表現出負面情緒？這種做法非常危險，即使是間接表達也同樣不妥，很有可能導致孩子凡事都畏縮不安，容易產生負面思維。孩子絕對不該成為父母情緒的垃圾桶。

這並不是說我們必須一味地壓抑擔憂、不安、悲傷或憤怒。畢竟每個人都會產生喜怒哀樂等情緒。我們不能認為只有期待、喜悅、幸福、快樂等正面情緒才是對的，而擔憂、不安、悲傷、憤怒等負面情緒就是錯的。情緒沒有對錯之分。然而，重要的是不要長時間籠罩在負面情緒中，因為時間拉得越長，能量消耗得就越多。

父母也不是完美的人。很多時候，情緒上來時並不容易控制，而且有時越是試圖壓抑，反而就越難受。偶爾我們也會因為表現出真實的情緒，而責怪自己是不成熟的父母。那麼，負面情緒該如何處理和表達呢？讓我們練習找出適合自己的方法來擺脫負面情緒吧！

「你讓我很生氣。你真是個壞孩子！」我曾經聽到大女兒對小女兒發火時冒出這樣的一句話，這是一場圍繞著一件衣服展開的姐妹戰爭。即使是作為大人的我們，當情感超越理性時也會率先發火，更何況是兩個國小生呢？情緒表達並不容易，尤其負面情緒的表達更難拿捏。世上沒有任何方法能讓人對自己的一言一行永不後悔。然而，平時對孩子產生負面情緒時也是一個機會，讓你可以教導孩子如何應對這種情況。比方說，當你感覺到自己的負面情緒即將透過言語和行動表現出來時，你應該藉機讓孩子明白「不要將負面情緒針對這個人，而是要歸因於對方的行為」。

不要將負面情緒歸因於人

假設生氣的原因是「你」，那麼，因為「你」是一個無法刪除的存在，便可能加深情感上的矛盾。就像下面的例子一樣，僅僅根據一個行為來判斷整個人時，很容易會引發口角。如果一個小女孩在沒有得到允許的情況下穿了姐姐的衣服，甚至不小心讓袖子沾上了番茄醬，正感到抱歉時，卻被罵是「壞孩子」。這麼一來，妹妹想道歉的念頭就會消失，反而產生委屈的情緒。

「你　　讓我很生氣。　你真是個壞孩子！」

（情緒原因：人）　（情緒傳達）　（判斷）

反之，如果生氣的原因是「行為」，只要消除「行為」本身就可以消氣，彆扭難解的對話也能因此輕鬆解決。如下所述，將生氣的原因歸於「在沒有得到允許的情況下穿衣服出去，還讓袖子沾上番茄醬」的這個「行為」，那麼只要限制這種行為即可。這麼一來，對方更容易傳達心中的歉意，道歉的話也就容易說出口，並且知道以後該怎麼做。只要情緒的原因改變，對話就會變得如此不同。

「你沒有問過我就穿上我的衣服，還讓袖子沾上了番茄醬，
（情緒原因：行為）

我很生氣。以後如果你想穿我的衣服，一定要得到我的同意。」
（情緒傳達）（應對方案）

在為人父母的過程中，會經歷的喜怒哀樂實在太多了。當我們為孩子的小小成就感到無比高興時，也常會因為看到他們辛苦吃力的樣子而情緒低落。如何表達這些情緒，將會影響我們與孩子的關係是變得深厚還是疏遠。正面情緒應該充分表達，負面情緒則需要明智處理。父母處理情緒的態度，將導致孩子會變得積極或消極。

當孩子不小心把飲料打翻時，父母可能會做出以下反應。想一想，孩子聽到哪一種回應時，會願意改正自己的行為。

A 你真是要累死我！怎麼這麼不小心？
（情緒原因：人）（情緒傳達）（判斷）

B 飲料灑出來就要擦乾淨，很麻煩對吧？下次周圍有杯子的話要多小心喔！
（情緒原因：行動）（情緒傳達）（應對方案）

要孩子成長，就必須要相信孩子能做到

當父母對孩子表現出信任時，將會帶來變化

面對孩子的負面情緒時，鮮少有父母能夠輕鬆應對。如果孩子哭鬧或者發脾氣，有時候我們會感到生氣，就像看到鏡子中反映的自己一樣。孩子的負面情緒常常會立即轉移到父母身上，這種情緒稱為「不安」。

不安的父母會不由自主地露出愁雲慘霧的表情。孩子會敏銳地察覺到父母的不安，並且意識到令父母不安的人就是自己。一想到自己令父母不安，孩子心裡就會感到內疚。他們可能會自責，認為性格文靜、沒有好朋友，或者在休息時間獨自玩耍都是自己的錯。

「你應該要完全相信我。」

與韓劇《SKY Castle 天空之城》中那位面對孩子問題時，滔滔不絕提出各種建議的金珠英老師不同，我認為應該要相信孩子。

「你要完全相信你的孩子。你越是不安，問題就會越多。」

父母應該要相信孩子能做得好，並且正在做好。這種無條件的信任會帶來積極的反應。當我們相信孩子時，會自然而然以「你一定能做好的！」這種積極的鼓勵，取代「你能做好嗎？」這種帶有不信任意味的話語。孩子越是經常接收到父母的肯定，與父母的關係就會越深厚，自我肯定感也會越高。

●●●

面對內向謹慎的孩子，你可以這麼做

在三年級的親子共學課程中，泰恩媽媽的視線只集中在泰恩身上。雖然已經和女兒約好在共學課上至少要舉手發言一次，但是直到下課之前，女兒一次都沒有舉手，這令泰恩的媽媽相當失望。泰恩平時就是一個內向的孩子，不喜歡發言，但是看到其他孩子那樣積極地爭相發言，泰恩媽媽便掩不住心中的沮喪。

◎父母消極的反射思維

當看到孩子不願舉手發言時，父母可能會產生以下感受：

「這孩子是因為像誰才會這樣？」

「雖然知道這孩子沒自信，但也太沒自信了吧？」

「這孩子從小就這樣，怎麼也改不了。」

「是我的教養方式錯了嗎？」

「孩子要是上了國中還這樣，該怎麼辦？」

「我家孩子就是最差勁的。」

這種消極的反射思維會影響孩子的積極性。有人說自己即使產生這種想法，也絕對不會在孩子面前表現出來。但我們很難否認的是，這種消極的思維很容易導致人垂頭喪氣、愁眉苦臉。特別是父母和子女之間的情感傳遞通道會比普通關係更堅固也更直接相連，傳遞速度也就更迅速、更準確。

「我媽媽總是這樣，嘴上說沒事，但是一看表情就知道她很生氣。」班上的學生們經常這樣對我說。家人之間的關係就是這樣，彼此心照不宣。比起口頭上的「沒關係」，孩子們更懂得觀察父母的表情來判斷父母的情緒。我們自己不是也這樣嗎？當我們詢問看似憂心忡忡的孩子「發生什麼事了嗎？」，即使孩子回答「沒事」，我們也很難相信孩子真的什麼事都沒發生。

◎思路的轉變

儘管情緒可能在內心翻湧，但首先需要冷靜下來做一件事，就是揣摩孩子的心思。

「我家孩子覺得舉手發言很難嗎？」
「是因為太緊張了嗎？」
「孩子是不是覺得上課內容太難了？」
「我要找個時間來問問孩子。」

◎以對話引導孩子說內心話

當我們以客觀的態度看待情況時，更容易找出問題的原因和解決辦法。首先，讓我們來看看，在那個場合中是否一定要很踴躍發言。也就是說，是否真的需要強求孩子那麼做。舉手發言只是表達自己意見的眾多方法之一，也許要孩子在別人面前說話會令他緊張怯場，但他可能比任何人都更擅長透過文字或圖畫表現出來。

也許孩子平時都很願意舉手發言，但因為今天是親子共學課程，台下有很多陌生的家長在看，所以孩子覺得壓力很大。無論如何，只有跟孩子心平氣和地好好聊一聊，才能找到原因和解決方案。

媽媽：「泰恩，今天的共學課程怎麼樣？你是不是因為要舉手發言，覺得很緊張呢？能不能告訴媽咪你覺得哪裡有困難呢？」

泰恩：「如果我講錯答案，可能會被老師罵，還會被同學取笑，所以我不敢舉手。」

還有另一種與泰恩不同的情況是，平時積極主動的孩子突然變得被動。這種時候應該找出孩子突然如此緊張的原因。可能是因為課程內容變難導致孩子跟不上，也可能是因為孩子在班上還不適應的關係。如果是由於學習差距造成的問題，可以透過額外輔導來彌補不足之處；如果是班級適應問題，可以向班導師尋求幫助，因為班導師看待學生的角度，可能會比父母看待子女的角度更客觀。不妨透過親師會談，聽聽從老師的角度是如何看待孩子的狀態，以找出最適合的解決方法。

◎慎防雙重訊息

雙重訊息是指言語和行為傳遞相互衝突的訊息，造成對方混亂而無所適從。這種溝通方式在日常生活中相當常見。舉例來說，當孩子想要玩遊戲時徵求父母許可的時候。

聽到媽媽說「隨便你」，孩子便拿起遊戲機開始玩，但是玩著玩著，孩子很快察覺到氣氛有點不對勁，於是偷偷觀察媽媽的情緒，結果發現媽媽的表情冷了下來，腳步聲顯得有些刺耳和不耐煩。這時孩子才瞬間意識到：「啊，原來我不可以玩遊戲！」

不行的時候就要明確地說「不行」。雖然孩子可能會一直糾纏或反抗，氣氛可能會變得緊張，但這只是暫時的。只有這麼做，才能減少孩子看媽媽的臉色，左右為難並陷入混亂的情況。

如果嘴上說「沒關係」，卻沒有收起生氣的表情和行為，孩子就得要不斷猜測父母的真實意圖。因此最好的做法是坦率地表達你的感受，例如：「雖然你做〇〇〇讓我不高興，但是等一下就沒關係了。」

◎內向孩子與積極性的關係

你是否認為內向的孩子缺乏積極性，而外向的孩子則有很高的積極性呢？事實並非絕對如此。每個孩子的「內向」程度千差萬別。生性內向的孩子大約占所有孩子的二〇%左右。雖然內向孩子的外在行為表現得不積極，但他們在建立關係時相對小心謹慎。即使是消極被動的內向孩子，在社交生活方面通常也不會有什麼問題。

大人們往往會有一種偏見，認為活潑且積極主動的孩子在社交生活方面更有優勢，而這種偏見會讓孩子畏縮不前。有些家長會在節假日家庭聚會之類的場合鼓勵孩子表演才藝，例如唱歌或表演跆拳道等。外向的孩子可能會因此感到高興，但是內向的孩子卻可能會感到不自在而試圖迴避。

「那有什麼好害羞的？」如果像這樣批評孩子，孩子就會認為害羞是丟臉和差勁的行為。這種時候應該說「〇〇真是個小心謹慎的孩子」，並且有智慧地將此事帶過。當然，我們也不該忘記，大人絕對不能在沒有事先徵求孩子意見的情況下強行要求他們表演。

此外，如果一個孩子比同齡人更內向，那麼他可能會比較單純、更懂得傾聽別人說話、更擅長專注於自己的內心。內向的孩子通常個性謹慎、心思細膩、做事周到。而且，由於他們善於關心別人，容易讀懂情緒的變化，因此很少說出或做出傷害別人的言語或行為。儘管在學期初，活潑的孩子會比較引人注目，但隨著時間的推移，內向的孩子也可能悄悄地發揮領導能力，這種例子也很多。

父母不妨反問自己，在看待孩子時，是不是以「安靜↓內向↓看起來很沉悶↓消極」的邏輯來思考。如果是自然而然形成這樣的思路，那麼就有必要思考一下自己對這世界的看法是否也傾向消極。

每個人都有不同的敏感或脆弱之處。有些人對觸覺敏感，有些人對聲音敏感，有些人情感細膩，而有些人可能體力較差。沒有對錯之分，只是不同而已。並非外向比較好，內向就比較差。每個人都有不同的性格特點，而每種性格都有其適合的成長方式。我們應該接受不同，才能將目光轉向優點，不會一直盯著弱點。

TIP 面對親子共學課程應有的態度

參加親子共學課程的家長大致分為兩類，一類是面帶笑容的家長，另一類是面帶愁容的家長。面帶笑容的家長通常會有一個積極參與課堂的孩子，他們的孩子勇於在眾人面前大聲發表自己的想法。這種家長似乎不用再去羨慕別人。反之，有些孩子在整堂課上沉默寡言，一次都不曾開口，令家長看了不由得嘆氣。當課程結束後，家長們互相問候時，孩子積極參與課堂的父母自豪不已，彷彿孩子的積極性替他們賺足了面子。

親子共學課程是一個非常特殊的情況。對孩子來說，只要有一個陌生人走進教室，他們就會感受到學習環境發生了變化。而像親子共學課程這種在教室後面坐滿了陌生大人的場合，鮮少會有孩子不感到緊張。別人家的孩子看起來很活躍，似乎很有領導能力，在親子共學課程中確實顯得很突出。但是，通常孩子們在與平時不同的氛圍下，都無法表現得跟平時一樣。就連平時做得很好的孩子，也容易在親子共學課程中感到緊張，表現得不如平時積極。

然而，僅憑四十分鐘的課程，根本無法全面評估一個孩子的學校生活。孩子可能在發言方面不積極，但在個人活動時盡力而為，專心聽老師說話或聽同學發言，這些小細節都值得發掘並予以表揚。如果孩子鼓起勇氣發言，那麼我們應該讚賞他們的勇敢，而不是批評他們的表現，說：「你的聲音小得像蚊子一樣，根本聽不到，要講大聲一點，別人才聽得清楚。」與其評價孩子傳達力不足，不如稱讚他勇於發言的舉動和發言的內容。**千萬不要拿自己的孩子跟別人家的孩子比較。**

面對喜歡獨處的孩子，你可以這麼做

A．智宇是一個沉默寡言的三年級男生，他在社交方面既不活躍也不積極。他媽媽相當擔心，每次問他：「你在學校和誰一起玩？」他總是回答「我一個人摺紙」之類的。

每次聽到孩子這樣回答時，媽媽的心裡都像是被大石頭壓著一樣沉重，擔心孩子會因為交不到任何好朋友而孤零零一個人，於是心裡就更難受了。

再想到孩子上了高年級之後，可能會被同齡的男孩子欺負；上了國中、高中後，說不定會被當成軟柿子拿捏。因此，這位媽媽越來越擔憂和不安。

B．世延是一個性格安靜不活潑的三年級男生。每次媽媽問他：「你在學校做了什麼、玩了什麼呢？」他總是回答：「我只是畫畫而已。」在他媽媽看來，比起跟同學們一起玩，世延一個人安靜地專心做自己喜歡的事情時似乎更快樂。幸好世延跟同學相處時沒什麼問題。媽媽相信，只要相處久了，世延自然就會找到跟自己合得來的朋友。

●●●

智宇和世延的性格相似，但是媽媽們的提問和反應卻完全不同。如果孩子並沒有因為一個人而感到孤獨或辛苦，那麼最好先相信孩子，並且繼續觀察。但如果孩子感到不安和擔心，就應該聯繫班導師，詢問孩子在學校的情況。除非孩子跟同學之間的相處出了問題，否則只要退一步，靜觀其變就足夠了。

◎不要問「和誰」一起玩

孩子們最不喜歡被問的問題之一，就是「你今天和誰一起玩？」想必大家都曾經在孩子剛放學回到家時問過他們這個問題。如果得到的回答是「我和〇〇一起玩」，父母就會鬆一口氣；但假如聽到孩子說他自己一個人玩，父母的擔心就會像海嘯一樣襲來。親師會談時，家長們經常會問：「我家孩子跟同學們相處得好嗎？」這表示他們認為在學校生活中，社交關係與學習同樣重要。

社交關係當然很重要。在學校這個小型社會裡，有朋友陪伴會讓孩子感到踏實。尤其是對於那些渴望在同齡群體中獲得歸屬感和安定感的孩子來說，社交關係尤為重要。但是，也有一些孩子即使自己一個人也無所謂，在獨自活動時反而更有安全感。假設一個班級有三十名學生，那麼其中約有四、五個孩子會在獨處時感到安心。

根據《安靜，就是力量：內向者如何發揮積極的力量》作者蘇珊・坎恩（Susan Cain）的說法，全世界人口有三分之一是內向的。另外還有其他研究顯示，內向人口的比例占全體人口的二五％到四〇％之間。

重點是，「你和誰一起玩？」這個問題對於重視社交關係的孩子和喜歡獨處的孩子而言都沒有太大幫助。如果一個孩子用開朗的語調回答「我和○○一起玩」，這樣的回答很容易在孩子心中留下既定印象，認為和朋友一起玩是正確的行為。反之，如果孩子回答「我自己一個人玩」，可能會導致孩子認為自己在建立人際關係方面失敗了。就算是內向的孩子也會如此。沒有必要讓孩子對「自己一個人」這個詞彙產生罪惡感。

如果父母真的想知道孩子在學校的情況，那麼可以問「你在學校都做了什麼？」**父母可能更關心「跟誰」而不是「做什麼」**，但從孩子的立場來看，「跟誰」往往並不是那麼重要。尤其是低年級的孩子，他們會根據不同的遊戲，在不同的群體中玩耍，玩球類運動時跟這群人一起玩，玩捉迷藏時又跑去跟那群人一起玩。很多時候孩子們只顧著玩遊戲，並不在意是跟誰一起玩。問孩子玩了什麼，可以幫助他們擺脫「必須跟別人一起玩」的壓迫感。如果孩子和同學相處時沒有問題，父母就不用太擔心。尤其是對於那些沒什麼好朋友的孩子，就更不必擔心了。

很多父母擔心自己的孩子在學校是不是獨來獨往，但是老師們更擔心那些被同學過分擺布的孩子，或者雖然有很多朋友，但過於依賴朋友關係的孩子。因為實際上，擁有許多朋友的孩子往往更容易跟朋友發生衝突而變得辛苦。

面對經常跟朋友發生衝突的孩子，你可以這麼做

當孩子開始上學後，便不再僅限於跟父母之間的關係。他們會建立與同齡人的社交關係，而這些關係起初不一定會順利。雖然想和同學們好好相處，但過程卻不盡人意而感到挫折，這時父母在一旁看了就會心急如焚。

儘管可以向班導師尋求幫助，或者由父母代為出面，但這些做法並非總是行得通。因此，我們更應該告訴孩子，在這個世界上，跟人發生衝突是在所難免的，有可能會和朋友意見不合，甚至有可能會直接吵起來。此外也應該告訴孩子，並不是所有人都能跟自己相處得很好，只有知心的人才能慢慢建立起友誼。要像這樣好好讓孩子理解，孩子才能做好心理準備。

◎打開「心靈紅綠燈」

「心靈紅綠燈」是我在上課時給孩子的學習內容。在課堂上通常會進行角色扮演，因為比起語言，透過肢體動作來學習會更有效果。

「開車的時候，為了保護彼此的安全，必須遵守紅綠燈。朋友關係也一樣，為了保護彼此的內心安全，我們可以打開『心靈紅綠燈』。紅燈亮的時候就要先停下來。如果紅燈亮了，車子還繼續前進的話，就會發生重大車禍，對吧？我們的心也是一樣，要先停下來等一等。然後，如果黃燈亮了就要再想一想。這個時候，自己的心情和朋友的心情都要考慮進去，想想自己的感覺，以及朋友可能會有的感覺。最後，如果綠燈終於亮了，就可以表達出來了。我們可以表達什麼呢？可以表達黃燈亮起時的感覺，表達自己的心情和對方的心情。不過，如果一看到綠燈亮了就劈哩啪啦地發洩出來，這樣可能又會再發生意外。所以要慢慢地、親切地說出來，不要發脾氣喔！」

- **紅燈**—停下
- **黃燈**—思考
- **綠燈**—表達

進行這個活動時，許多孩子會在綠燈的「表達」階段猶豫不決。尤其是在表達負面情緒方面，他們可能會不太熟練。想像一下，當孩子生氣或傷心的時候會出現什麼舉動？通常，他們會閉上嘴巴，用眼神、表情和動作來表達情感。情緒激動時，有些孩子會大哭大叫，但很少有孩子能用言語表達出來。

因此，可以提供各種範例，引導他們進行練習。在家裡也不妨舉例說明各種衝突的情況來練習看看。越是反覆練習解讀並說出自己或對方的心情，以後遇到類似情況時，猶豫的次數就會越少。可以舉例的衝突情況包括：走路的時候跟朋友相撞、和朋友意見不合、朋友說下次再一起玩、朋友沒有遵守約定、朋友未經允許擅自觸碰自己的東西等等。

對每件事情都持否定態度的孩子，你可以這麼做

和孩子們一起生活時會發現，陷入負面情緒的孩子比我們想像中還要多。諸如「我本來就做得不好，做了也沒用」、「我又矮又胖」、「我本來就沒朋友」、「就算我舉手也不會被老師點名」、「我已經失敗了」、「我這輩子完蛋了」之類的話，他們竟然可以說得若無其事，令人大為驚訝。

我在諮詢過程中發現，有些父母本身相當開朗且積極，然而他們的孩子卻顯得格外消沉。也就是說，並不是父母將負面的思考方式灌輸給孩子的。但孩子們為什麼會陷入負面情緒呢？

◎尋找情緒的根源

負面情緒可能來自於包括父母在內的各種外在環境，但也可能源自孩子的內心。當孩子的內在原因和外部刺激交會時，會引發化學反應，使負面情緒的種子生根萌芽。萌芽的負面情緒會將孩子的敏感、膽小以及大大小小的負面經驗當作養分吸收，變得更加堅固。

在育兒過程中可能會發現，孩子明明是我們在這個世界上最珍貴的存在，但孩子的模樣卻與我們理想中的孩子截然不同。當然，沒有父母會因為這樣就當著孩子的面說「我這輩子養育孩子失敗了」，而這種狀況也不應該發生。

對於成長中的孩子，放眼望去盡是充滿希望的未知，如果過早「斷定」孩子的未來，會令孩子尷尬為難。作為父母，絕不應該成為孩子的負面外在刺激源。面對正在彌補不足、努力成長的孩子，不能在一旁補槍，說「已經太遲了」或「已經不行了」這種斷定的話。

◎用「還／還沒／還不」代替「已經」

要不要試試用「還／還沒／還不」這組副詞代替「已經」呢？例如，把「已經太晚了」改為「還不算太晚」。「還／還沒／還不」這組副詞具有增加可能性的神奇魔力。

斷定的說法	增加可能性的說法
「已經錯過機會了。」	「現在還有機會。」
「已經交不到朋友了。」	「只是還沒有遇到命中註定的好朋友而已。」
「已經又矮又胖了。」	「你還在長大。」

◎該進行親師會談時不要猶豫

孩子放學回家後，很多父母都會問他們今天在學校發生了什麼事情。對於這種輕鬆的提問，孩子可能會回答：「一點都不好玩。我有舉手想要回答，可是老師都不選我。」一聽到孩子這麼說，父母的心可能會瞬間涼了半截，然後自動腦補出以下的狀況：

「老師是不是討厭我家的孩子？」

「我家孩子到底做錯了什麼？」

「還是我做錯了什麼？」

雖然也可以換個角度想：「肯定是有原因的，應該不會只有我家的孩子沒有被老師選中吧？」但是要這麼豁達並不容易。父母會不由自主地產生負面感受，腦海中一直浮現出孩子所說的情況，感到鬱悶又生氣。但也不能只聽孩子的片面之詞，就跑去質問班導師為什麼偏偏不讓自家孩子發言。這種時候該怎麼辦呢？

在這種情況下，最好的做法是立即聯絡班導師。通常，老師會先把發言的機會給舉手舉得最快的孩子，但有時也會為了公平分配機會而選那些還沒被點過名的孩子。有的孩子雖然手舉得最快，但可能因為先前已經發言過而沒有被選中；有的孩子可能一直踴躍舉手，但是因為舉手的同學太多，所以得不到機會；還有些孩子可能是因為猶豫不決，舉手舉得比較晚而錯過了機會。

老師很少會故意阻撓一個孩子不讓他發言。唯有釐清孩子沒有被選中的原因，才能消除誤會、解決問題。能夠幫助你解決煩惱或消除誤會的人不是地方媽媽，而是一直關注所有情況並與孩子共度時光的班導師。

儘管可能會感到彆扭和猶豫，但與其獨自苦惱並埋下不信任的種子，倒不如立即解決問題。這不僅是為了幫助孩子積極度過學校生活，也是為了父母的心理健康著想。

TIP 親師會談要領

◆利用簡訊或親師聯絡用的APP約時間會談

基於孩子在學校的適應問題、學習困難、健康問題、和同學之間的衝突，或者新學年的分班狀況等，家長可能需要經常與班導師會談。即使不是定期的親師會談期間，父母也可以另約時間會談。但是，請不要突然打電話或親自去學校找老師，這會令老師很為難，因為老師不僅要教課，放學後經常還要忙於備課和其他工作。有鑑於此，建議你利用簡訊或親師聯絡用的APP約時間會談。在留言時，最好簡單說明你希望會談的日期、時間以及想要諮詢的內容。這樣一來，老師就可以根據你的需求事先準備資料，並在必要時先與該名學生進行初步會談，充分掌握情況。

◆事先記下要會談的內容

無論是面對面還是視訊，與班導師會談都令人感到緊張。就連我自己在跟我家孩子的班導師見面時也很焦慮。因此，可能會沒說到該說的話就結束會談，等到走出教室或放下手機後才想到：「啊，我忘記說那件事了！」因此，建議在會談前先記下要說的話，這樣在投入時間和精力進行會談後才不會後悔。

◆傳達孩子的立場，但不要傳達父母的情緒

可惜的是，並非所有的親師會談都有一個圓滿的結局。「我說了也沒用，只是更難過而已。」有些家長可能會這樣說，而有些老師可能會這樣回應：「我再怎麼說你都不相信，那我也沒辦法。」為什麼會發生這種情況呢？儘管不是屢試不爽，但只要改變語氣，往往就能讓悲傷結局扭轉成快樂結局。假設孩子說：「媽媽，老師都不選我回答問題。」

A「我家孩子說老師都不讓他發言。我很難過，所以打這通電話。」

B「我家孩子說老師都不讓他發言。孩子好像很難過，所以我打電話是想問問老師發生了什麼事。」

表達時可能像A一樣將父母作為難過的主體，也可能像B一樣將孩子作為難過的主體。雖然父母和孩子都感到難過，但是A的說法會讓人覺得是父母很難過，而B的說法則會讓人覺得是孩子很難過，並且試圖尋找解決方案。說法不一樣，聽起來的感受就不一樣。

如果像A那樣說，班導師會覺得自己不僅要解決孩子的問題，還要安撫家長難過的情緒。事實上，只要能紓解孩子受傷的心情，家長的情緒自然迎刃而解。

反之，如果像B那樣說，由於難過的情緒主體是孩子，因此親師之間的對話會比較溫和。班導師可以轉達當時的情況，一起探討是在哪個環節產生了誤會，以及怎樣才能減輕孩子的悲傷。而父母如果能冷靜地傳達孩子的立場，那麼班導師了解情況後，自然也會反過來安慰說：「媽媽你的心情也不好吧？」這是更好的做法。沒有必要對自己沒有親眼看到的情況戰戰兢兢，情緒起伏不定。

◆不要透過文字訊息進行會談

比起好事，人們往往更會為了不好的事情進行會談。因此，老師和家長在交流時應該慎重對待每一句話。文字雖然可以清晰地傳達想要表達的內容，卻無法傳達語調和情感，讀起來可能會很生硬。有時本來可以在口頭上迅速結束的對話，用文字寫下來反而會變得很冗長。這樣一來，雙方都會感到鬱悶，而且還會耗費更多的時間。這就是為什麼我建議在遠端會談時，選擇通話而非發送文字訊息。

如果只是單純地傳達內容，可以使用文字訊息，但如果是需要澄清誤會的情況，那就建議直接通話。需要詳細了解情況並且共同尋找解決方案時，則建議約時間當面諮詢。

面對動不動就哭的孩子，你可以這麼做

有些孩子動不動就哭，明明沒發生什麼事也要哭。如果問他們為什麼哭，他們就哭得更大聲；如果看不下去而拍拍他們、試圖安慰的話，他們反而哭得更傷心。這是因為負面情緒壓倒了他們，使得他們難以控制哭泣。那麼，該如何應對動不動就哭的孩子呢？

◎給孩子一些時間冷靜下來

當孩子流著眼淚、放聲大哭的時候，是無法進行對話的。這時的孩子難以冷靜描述狀

況和情緒，如果詢問他們為什麼哭、發生了什麼事，這就像是在強迫他們一樣。很顯然地，孩子會哭哭啼啼地回答，而父母又要他們好好說清楚，結果情況就變得更糟糕。在這種時候需要做的，就是等待孩子的情緒平復下來。

當然，等待孩子停止哭泣，這個過程對父母來說可能相當痛苦。即使如此，也不能強行制止孩子的淚水，因為情緒的主人是孩子自己。

這時不妨對孩子說：「你儘管哭個夠沒關係。等你的眼淚止住、心情平靜下來之後再跟媽媽說，我會等你的。」原本放聲大哭的孩子只要確認有人願意接納他們的情緒，很快就會冷靜下來。

◎安撫孩子的情緒三步驟

只有當情緒不再起伏時，才有可能進行對話。

①不要問「為什麼？」

不要問孩子「為什麼哭？」、「為什麼生氣？」這類以「為什麼」開頭的問題，稍有不慎就會聽起來像是在追究。尤其越是年幼的孩子，就越難明確回答「為什麼」。

②詢問是否有事件發生

例如「發生什麼讓你難過的事情嗎？」、「有什麼讓你生氣的事情嗎？」、「是不是發生讓你傷心的事情呢？」如果像這樣詢問是否有「事件」發生，通常孩子會更容易開口。能夠用「是」或「不是」來回答的問題，有助於釐清導致孩子流淚的原因。

③認同孩子的情緒

「妹妹把我的畫弄皺了！」聽到孩子這麼說的時候，如果父母回答：「只弄皺了一點點有什麼好哭的？」或「你放在這種地方當然會被弄皺嘛！這件事你也有錯。」這樣將會令孩子感到難堪。風涼話是妨礙溝通的絆腳石。

如果不希望孩子因為這樣的事情而哭泣，首先要產生同理心。「所以你才生氣了是嗎？如果是我珍惜的東西被弄壞，我也會生氣的。」應該要像這樣先認同孩子的情緒，避免讓孩子認為正面情緒才是對的，負面情緒就是錯的。「是的，我理解，這的確會令人生氣」，像這樣先認同孩子的負面情緒時，孩子才能進入下一個溝通階段。

◎幫助孩子用不同的方式表達情緒

幫助孩子練習不用哭泣的方式，而是用言語表達負面情緒，是很重要的。「好好說話不哭泣」並不意味著要他們壓抑自己的悲傷和憤怒，而是要教導他們用健康的方式表達同樣的情感。

父母：「我們的心情藏在很深很深的地方，別人不容易看見，要由心情的主人開口說出來，別人才會知道。別哭了，要不要試試把你心裡的話說出來呢？」

孩子：「我的畫被弄皺了，我很生氣。下次我會小心一點。」

而父母可以趁這時教導妹妹，讓妹妹理解並道歉：「原來是因為我把畫弄皺，惹姊姊生氣了。姊姊，下次我會小心的。」當孩子像這樣用言語表達情感時，父母應該更深刻地感同身受，並在這時給予孩子一個擁抱。這會比起在孩子哭泣時，給予的擁抱更令孩子感到溫暖、得到鼓勵。

面對總是怪罪別人的孩子，你可以這麼做

成賢總是一開口就說：「都是你害的！」同學們都稱他為「牢騷鬼」。

「都是因為你才搞砸了。」

「都是你害我遲到了。」

「都是你害我這麼累。」

「怪罪」是指找理由或藉口來埋怨或責備某人，通常會在談論負面情況的原因時使用。一旦對周遭的情況產生不滿，這種念頭就會透過表情、語氣和行為完全顯露出來。「怪罪別人」是國小時期的孩子最常用的自我防禦機制。如果不找藉口推到別人頭上，自己就

要負責，但是對孩子而言，「責任」這個詞還太過沉重，需要有能夠接受失誤的極大勇氣才承擔得起。

◎與其做出判斷，不如認同感受

父母通常會將問題歸咎於怪罪別人的孩子。當孩子不只一兩次怪罪別人，每次都狡辯說「是別人的錯」時，父母會怎麼做呢？父母可能會做出判斷，然後說：「是你做錯了，為什麼要怪同學？這是你的錯！」但是，公正地判決對錯並不會對這些孩子產生任何幫助。

這時可以說：「你看起來很不好，你應該很難過吧？」然後先傾聽孩子的心聲。單憑孩子稚嫩的心靈，是很難發現自身錯誤的，而要承認錯誤更是難上加難。

◎檢視負面的自我概念

如果孩子總是怪罪別人，那麼在教導孩子「怪罪別人是不好的」之前，應該先檢視看看孩子是否帶有負面的自我概念。經常怪罪別人的孩子往往具有被害意識，容易曲解別人的話語和行動。這是因為他們帶有負面的自我概念。

帶有正面自我概念的人不太會輕易怪罪任何人，即使自己犯了錯，也會認為這是正常的。而且他們不會因為自己犯了錯，就輕易斷定別人會來指責自己。即使因為別人的錯誤而受到傷害，他們也會保留彈性思考的空間，認為那人的行為或許情有可原。因此，即使發生衝突，他們也比較容易和解並原諒對方。

◎創造容錯環境

這麼說來，容易怪罪別人的孩子需要什麼呢？就是提供容忍並承認失誤或錯誤的「容錯環境」。在容錯環境下，即使面對自己的失誤或錯誤，不安的情緒也會減少，同時也更能夠寬容別人發生的失誤和錯誤。

「犯了錯也沒關係」、「做得不好也沒關係」，只有寬容地接納這些失誤，孩子才會得到安全感。不要只是將注意力放在孩子怪罪別人的習慣上，而是要幫助他們培養正向的積極性。

面對愛比較的孩子，你可以這麼做

曾經有一次，學校附近興建了新社區大樓，學校的在校生人數隨之增加了好幾倍。每個班級的學生人數都超過標準，甚至到了需要調整學區的程度，就連同一片社區也要劃分學區。為此，他們進行了需求調查。

「有誰住A棟？有誰住B棟？」

在確認各棟大樓的學生人數時，孩子們之間傳來了吵雜聲。

「你住在A棟嗎？那裡是24坪吧？B棟是34坪。住在34坪的人舉手！」

就這樣，各棟學生人數調查變成了大樓坪數調查。儘管難以置信，但這確實是小學三年級孩子之間的對話。他們是從哪裡聽到24坪、34坪這種資訊的呢？令人遺憾的是，孩子們的比較心態大多是從父母那裡學來的。

◎小心使用比較句

大人們時常不經意地與別人比較，這種習慣會自然而然地滲入孩子們的意識中。如果孩子平時經常和別人比較，父母應該反思一下，自己是否也曾經在提到「大房子」或者某人身形「肥胖」時，不知不覺使用「比誰的房子更大」或「比誰都胖」這樣的表達方式。

比較會導致更多的比較。我們應該要教導孩子，讓他們明白「想要做得比別人更好」、「想要贏過別人」的這種想法可能會傷害自己，如果不想比較，就要懂得接受自己跟別人不同；自己擁有的才能和朋友擁有的才能不一樣，無法進行比較。每個人都有不同的性格和天賦，要進行比較是不可能的，也是毫無意義的。

「允瑞的數學很好，我的數學比允瑞差。」這句話是區分優劣的比較句型。這時，家長可以把句子改為「允瑞的數學好，而你的英文好」，用這樣的方式將各自的才能列舉出來。當然，在改變孩子的說法之前，父母自己也應該盡量避免使用比較句。

多給予正面的回應

正如前面多次提到的，積極性不是與生俱來的能力。積極性在滿七歲左右才會形成一定的程度，而在大約十三歲前後開始固定下來。因此，如果自家的孩子目前擁有消極的思考方式，我們應該相信孩子是可以改變的，並且積極地幫助孩子。

《與孩子一起上的情緒管理課》作者約翰．高特曼表示，想要使夫妻關係保持穩定，正面回應和負面回應的比例須達到五比一。這個比例不僅適用於夫妻關係，還適用於親子關係。也就是說，父母給予子女的正面回應要比負面回應多出五倍以上。

在幼年時期，來自父母或家人等親近之人充滿關愛的眼神和鼓勵的話語，會確確實實地儲存在孩子的心中，成為孩子在面臨困難時能夠取用的心理資源，就像低血糖時放進嘴裡的糖果一樣。

讓我們回顧一下，今天我們給予子女多少正面回應？而我們的正面回應是否有比負面回應高出五倍以上？多給孩子一些積極正面的「糖果」吧！這樣當他們感到辛苦時，就可以拿出來品嘗。

提高孩子積極性的四種訓練

ABCD訓練

三月一日，即將開學的熙珠憂心忡忡，跟媽媽哭鬧著希望明天不要到來。

「到了新學期，就要跟新的同學、新的老師一起在新的教室裡上課，真是糟糕透了。老師一定很可怕。我覺得沒有人願意跟我當朋友。如果我找不到新教室，開學第一天就很慌張該怎麼辦？」熙珠這樣哭鬧，令媽媽也跟著不安。

● ● ●

像熙珠一樣有「開學症候群」的孩子相當多。如果孩子敏感且容易焦慮，那麼在面對環境變化時會更加敏感。能消除引發焦慮的外在刺激當然是最好，但要消除孩子可能面臨的所有環境刺激是不可能的。我們終究還是必須透過內在的力量，找到能降低焦慮的方法。這裡所說的內在力量，指的就是「積極性」。

積極性不是只看事情好的一面。積極性是指客觀且如實地解讀事實，而不去誇大或隱瞞事實的存在。冷靜地判斷自己所處的現況，但也願意為了一切可能性而努力，這樣的態度便是積極性。幸運的是，積極性可以透過訓練充分培養。

接下來會介紹一套名為「ＡＢＣＤ訓練」的方法，這套方法有助於將偏差的思維轉換成客觀角度。

◎ A（adversity，不幸事件）

此一階段是要識別引發壓力或擔憂的事件。在A階段，我們要找出導致壓力或擔憂的原因。對於熙珠來說，諸如新學年、新朋友、新老師、新教室等變化，都屬於不幸事件。根據孩子的狀況，不幸事件還可能包括上台報告、與父母分離、考試等情境。

◎ B（belief，莫名信念）

如果對事件持否定態度，有時會陷入莫名其妙的信念中。在B階段，我們要以先前客觀看待事件後掌握的原因為基礎，擺脫不合理的信念。熙珠將新的環境視為不幸事件，並為此害怕和擔憂。

「到了新學年，就要面對新同學、新老師、新教室……太糟糕了！」

父母首先要認同孩子面對變化時的恐懼。

「你是不是因為要重新適應，所以覺得很害怕呢？害怕和擔心是正常的。以前媽媽上學的時候也曾經有過這種感覺。」

◎ C（consequence，錯誤結論）

如果只停留在認同階段，就無法進入下一階段。因為在B階段產生的莫名信念，會導致錯誤的結論，而錯誤的結論會反覆招致負面的自我預言。

就像熙珠，她所設想的情況根本還沒發生，她就已經提前得出了錯誤的結論。新的年級和班級是否糟糕尚且不得而知，新老師是誰還不知道，新的朋友關係也尚未建立。孩子所下的錯誤結論需要在下一階段進行修正。

◎ D（disputation，反駁導正）

D階段的反駁是最重要的一步。若要改變C階段產生的錯誤結論，必須找出不合理的地方加以反駁。

「到了新學期，就要跟新的同學、新的老師一起在新的教室裡上課，真是糟糕透了。①老師一定很可怕。②我覺得沒有人願意跟我當朋友。③如果我找不到教室，開學第一天就很慌張該怎麼辦？④」

讓我們與孩子一起找出還沒發生就斷定的不合理部分。「①真是糟糕透了」這種說法是根據情緒所下的結論，應該根據客觀事實調整為「不知道會很有趣、還是會很辛苦，我好緊張」之類的描述方式。

「②老師一定很可怕」也是一樣。孩子都還沒有跟新老師見過面或相處過，便直接斷定老師會很可怕，這是不合理的。「雖然我擔心老師會很可怕，但也不知道相處過後會怎麼樣」，改為這樣的結論會更適宜。

「③我覺得沒有人願意跟我當朋友。」像這樣覺得同班同學中沒有任何一個人會把自己當作朋友，這種邏輯太跳躍了。實際上，與某些朋友可以建立良好的關係，與某些朋友則可以是泛泛之交。用「大家、所有人、全部」這樣的詞彙來下結論並不恰當。「沒有人願意跟我當朋友」這句話也存在很多限制，從中可以發現孩子看待人際關係的被動態度。就像在蘋果樹下張著嘴等待蘋果掉下來一樣，靜靜地坐著等待別人先對自己伸出手，這在建立關係方面沒有幫助。

最後，「④如果我找不到教室，開學第一天就很慌張」這也是未知數。因為是開學日，所以學校正門通常會張貼很大的班級位置標示圖，也會安排一些老師幫助學生們找到自己的班級。即使沒有標示圖，也沒有人帶路而驚慌失措，但只要最後能找到教室就可以了。誰也不知道熙珠一度在學校裡徘徊，一般人不太會去注意到驚慌失措的孩子。總之一定能找到教室的。如果實在很擔心的話，可以先上學校網站看一看學校介紹圖，提前熟悉教室的位置，或者在開學前提前去學校看看也不錯。

ABCD訓練是一套培養積極思維的技巧，同時也有助於將「找出不合理想法」的過程視覺化。把孩子的負面想法寫出來，然後一起檢視，用底線標示出不合理的部分並且進行修改。比起口述和訓斥，這種方法更能幫助孩子客觀地理解情況。儘管可能有些繁瑣和麻煩，但只要堅持不懈地進行訓練，就能逐漸看到變化。

克服障礙訓練三階段

積極的孩子們在執行任務時會想像獎勵。比如，在這次考試中取得好成績後，會得到父母的禮物或稱讚。這種想像能夠在努力的過程中帶來一種彷彿已經到達未來的愉悅感，但也就僅止於此，與實際的成果無關。

消極的孩子也希望在考試中得到好成績。然而，在想像成功之前，他們首先想到的會是：「上次我考得不好……」、「我讀書的地方太亂了，很難集中注意力」、「弟弟一定會邊看卡通邊笑我」，這種想像同樣與實際的成果無關。

想要取得期望的成果，不能只是停留在想像積極的結果，或者一味想像各種障礙。必須同時想像積極的結果和可能的障礙。但是，無論孩子具有怎樣的性格傾向，都難以同時想像結果和障礙。這時，父母明智的一句話可以幫助孩子自己找到答案。例如：

◎第一階段：想像積極的結果

讓孩子想像「數學考試分數進步十分」的結果。如果已經談論完關於結果的話題，父母可以繼續提出下一個話題，例如：「當你念書的時候，有沒有什麼事情會干擾你呢？」

◎第二階段：想像可能出現的障礙

讓孩子想一想可能干擾學習的因素。孩子可能會想到像「手機」這樣的物品，或者像

「YouTube」之類的娛樂項目，也可能想到「學習環境雜亂」這樣的情況，又或者是「弟弟妹妹在旁邊看有趣的電視節目，害我無法專心」之類的干擾行為。這時，父母可以提出消除干擾因素的方法，例如：「你覺得在你念書的時候，手機要放在哪裡比較好呢？」或者「你希望媽媽怎麼幫助你呢？」等，讓孩子從中思考。

◎第三階段：制訂克服障礙的方法

當孩子自己想出障礙因素時，可以和孩子一起制訂各種克服障礙的方法，例如限制「念完書之後可以使用手機，每天使用十分鐘」、「念書的時候把手機放在客廳抽屜櫃裡」，或者改變學習環境，營造出「適合獨自念書的時間和地點」，又或者制訂規則，如「在我念書的時候，家人不看電視」等。

每天寫感謝日記

培養積極性的強效方法之一，就是「感謝」。對小事也懂得感謝的孩子，在任何情況下都不會失去積極性。為了讓孩子在處於黑暗時，也能聚焦於微小的感謝之光，建議可以每天寫感謝日記。

實驗結果顯示，讓經常感到憂鬱的人寫三個月的感謝日記後，再透過影片展示他們平凡的日常生活，結果發現他們大腦中情感調節的區域被活化了。「對小事也心懷感激」的情感迴路可以透過訓練來培養。感謝日記是一種培養感恩而非抱怨的訓練方法。

每天在上午第一節課開始之前，我都會與學生們一起度過「開啟一天的時間」。大家會回想從昨晚到今早發生的事情中值得感謝的事情，然後進行輕鬆的對話。

●●●

「想一想今天早上睜開眼睛的時候第一眼見到的人，請握緊那個人的手，感受一下那溫暖的觸感。讓我們帶著愛與感謝的心情，緊緊地擁抱那個人吧！媽媽溫柔地撫摸我們的髮絲，在早晨喚醒我們，為我們做出香噴噴的早餐，爸爸問我們有沒有忘記上學要帶的東西，弟弟妹妹在上學途中緊緊握著我們的手，微風輕輕拂過我們的鼻尖，指揮交通的義工阿姨守護我們過馬路，同學們在教室裡親切跟我們打招呼……在我們平凡的日常生活中，也有很多值得感謝的事情喔！」

這時，孩子們靜靜地閉上眼睛，回想起感謝的人。

「非常感謝媽媽在忙碌的早晨還做蛋餅給我吃。」

「謝謝智妍幫我撿起我掉的橡皮擦。」

「感謝在上學的路上，有好漂亮的櫻花可以欣賞。」

「奶奶本來想讓我再多吃一口飯，拿起湯匙要餵我，可是我發了好大的脾氣。現在我覺得很抱歉也很後悔。」

● ● ●

我們班的學生在一天結束的時候，會在聯絡簿上寫下「今天的感謝」。即使是一開始抱怨說「沒有一件事情值得感謝」的孩子，也不知不覺從某一刻起發現欄位竟然不夠寫。原本就連小事也愛發牢騷的孩子，現在變成了只要感受到小小的善意就會說謝謝的孩子。隨著對瑣碎事情的感謝增加，抱怨就減少了。感謝和抱怨也遵循能量守恆定律。

孩子們通常會感謝家人、朋友、親戚和鄰居，透過向周圍的人表達感謝，自然而然地培養出溝通和共情的能力。就像孩子表示「對不起奶奶」一樣，抱歉和後悔也是從感謝延伸出來的情感分支。就是因為感謝奶奶，才會對自己的行為感到後悔，並對奶奶感到抱歉。這種抱歉的情感也值得記錄下來。感受過這種情感的孩子，明天會對更小的事情充滿更多的感激。

在寧靜的夜晚，要為明天做準備之前，先與孩子一起寫感謝日記吧！無論是讓人會心一笑的事情、令人內心溫暖的事情、一起吃的飯菜，甚至是被風吹落的樹葉等瑣碎的事情，都可以寫下來。每天寫感謝日記，是用文字記錄內心積極性的過程。孩子們不會輕視自己寫下的東西。他們會隨時翻看過去的感謝，然後想到「原來那時我很感謝這件事」、「那天我真的很幸福」。透過回顧自己寫過的內容，或透過寫下感謝的事情，能幫助孩子培養心靈，成為一個懂得仔細觀察小事來反思自己情緒的人。

如果當天因為忙於洗漱睡覺而沒能寫感謝日記，那麼，躺在床上透過對話交流彼此的感謝也很好。孩子將在滿心感謝的情感中蓋上溫暖的被子，暖暖地入睡。

一字一句累積的「今天的感謝」，將化為明天的能量。對小事也懂得感謝，正是態度積極的表現之一。希望你不要為了尋找稀有的四葉草，而忽略了隨處可見的三葉草，三葉草的花語是「幸福」。在每天反覆的日常生活中，哪怕是毫無意義或者令人吃力的事情，只要能帶著積極的態度迎接，就會發現周遭充滿了無數的幸福。不要因為找不到那唯一，甚至或許不存在的幸運而感到悲觀，因為今天的生活依然非常值得感謝。

透過肢體接觸減輕壓力

壓力對培養積極性沒有幫助。想要培養孩子的積極性，就必須減輕他們的壓力。當孩子承受壓力而感到身體不適時，有一種可以藉由外力調節的最佳方法，那就是肢體接觸。肢體接觸不僅有助於減輕壓力，還能有效提高正面情緒。

有些孩子一感受到壓力就會喊著肚子痛或頭痛。心理學上將這種情況稱為「體化症」，可能伴隨著實際症狀發生。在這種情況下，能有效緩解症狀的方法就是肢體接觸。你是否曾經有過「媽媽的手能治百病」的經歷？肚子痛的時候，被媽媽輕輕地按摩後很快就痊癒了，這就是肢體接觸的神奇之處。當孩子因緊張或焦慮而感受到壓力時，如果父母給予擁抱或撫摸，孩子的不安感就會降低，被稱為壓力荷爾蒙的「皮質醇」分泌也會減少。

肢體接觸對情緒發展相當有幫助，所以最好從小就多多進行。實驗發現，從母鼠那裡得到許多肢體接觸的幼鼠，自我控制能力和社會性很高，甚至更健康、壽命更長。這表示母鼠的養育對成長中的幼鼠行為模式產生了很大的影響。肢體接觸不僅能帶來心理上的正面效果，甚至能帶來生理上的積極效果。

即使不是像嬰兒時期那樣又親又碰，也要多撫摸、多擁抱孩子。甚至只要孩子不拒絕，抱著孩子親親抱抱，又有何不可？讓我們感受孩子的溫暖，用指尖傳遞愛和信任吧！不要將「我愛你」這句話藏在心底，而是要表達出來，才能快速又準確地傳達出去。有時候比起言語，肢體表達更能讓人真實感受。

有一次，我在路上遇到一位相熟的老師，而那位老師的兒子正在一旁親密地挽著她的胳膊。能夠與上高中的兒子手挽著手一起走路的老師，無疑是育兒方面的高手。於是第二天，我便去找那位老師討教如何與孩子手挽著手的祕訣。祕訣就是「每天進行肢體接觸」。

假如某一天突然說要改善關係，一上來就擁抱或親臉頰，這樣彼此都很尷尬。孩子會拒絕媽媽伸出的手，被拒絕的媽媽也會不知所措。因此，最好是從現在開始進行適度的肢體接觸。如果擁抱和親吻太尷尬，可以改為拍拍肩膀或者撫摸頭部。關鍵是要堅持下去，為對方的臉塗抹乳液也是有效的肢體接觸，所以從今天起，盡量採取可行的方式實踐吧！

◎肢體接觸也需要成為例行公事

雖然肢體接觸不分時間地點，多多益善，但是隨著孩子的成長，不知為何就尷尬了起來。這時，不妨有意識地將「每天都做的事」與「肢體接觸」結合，成為一種例行公事。

肢體接觸例行公事：每天都做的事＋（地點）＋肢體接觸

早安例行公事：早上醒來時（每天都做的事） 在床上（地點） 緊緊擁抱（肢體接觸）

焦急地大聲叫醒孩子，或是在吵鬧的鬧鐘聲中迎接早晨，會讓原本在夜間平靜的心律急速加快。沒有必要從一大早就提高身體的緊張度。與其用高分貝大喊「趕快起床！」，不如悄悄地走近，緊緊擁抱孩子，開啟一個幸福的早晨。

上學例行公事：上學前 在家門口 緊緊擁抱

（每天都做的事）（地點）（肢體接觸）

就讓我們每天早上擁抱即將上學的孩子吧！擁抱的時候要「緊緊」擁抱。「緊緊」擁抱到什麼程度呢？就是用盡所有的力量，甚至快要壓斷肋骨的地步。緊緊抱著孩子的同時這樣說：「度過閃閃發光的一天吧！今天我女兒（兒子）會成為像星星一樣閃耀的孩子。」

「度過樂於助人的一天吧！今天我兒子會成為像超級英雄一樣的人。」

「感謝你誕生成為媽媽的女兒。我愛你。」

全身都感受到愛與信任的孩子，即使父母不在身邊，也能釋放出開朗的能量。請記住，比起把各式各樣的營養品餵入孩子嘴裡，肢體接觸更能為孩子帶來強大的力量。

晚安例行公事：睡前 在床上 緊緊擁抱

（每天都做的事）（地點）（肢體接觸）

在孩子入睡前緊緊擁抱孩子，為一天畫下溫暖的句點吧！在孩子的耳邊輕聲說：「今天的煩惱和擔憂都交給媽媽吧！媽媽會幫你把這些都扔進垃圾桶。我親愛的女兒，晚安。」

抱持「自己能做得好」的信念，有效帶動學習！

積極性決定學習情緒

在韓國紀錄片《不愛念書的孩子》中，曾經聚焦探討影響學生成績的各種變因。其中第二集《心態崩了，學習也就毀了》單元中進行了一項實驗，以了解積極性與成績之間的關係。

節目將同一班級的四年級學生根據數學成績平均打散分成兩組，坐在兩個不同的教室裡，然後讓這些學生寫同樣的數學考卷，結果兩組的平均分數相差五分以上。為什麼會發生這種狀況呢？這是因為兩組學生在考試前的舉動不同。

節目在考試前要求第一組學生列出五個過去一週內心情不好和煩躁的事情，第二組學生則被要求列出他們覺得開心幸福的事情。第一組學生寫下了和朋友吵架或被父母責備等不開心的事情，第二組學生寫下了和朋友玩耍或與家人出去玩等愉快的事情。所有學生在寫作過程中都回想起當時的情緒，而這些情緒對後來的數學考試結果造成了影響。

正面的情緒可以擴展思維，負面的情緒則會壓縮思維。正如實驗所示，當人產生正面情緒時，解題能力就會瞬間提高。也就是說，根據當前的情緒狀態，同樣的問題可能變得更容易或者更困難。

有些人認為學習能力取決於天生的智力和毅力。他們相信，只要堅持下去，學習成績就會自然而然地跟上。然而，事實並非如此。一旦被負面情緒所困擾，無論是智商再高的孩子都無法完全發揮實力。

此外，能夠長時間坐著也不僅僅是依賴與生俱來的毅力。課業並不是只要堅持不懈就能學好的，專注的時間跟坐著的時間同樣重要。但是請別忘了，只有在想要了解得更多、想要做得更好、相信自己能充分做好時，專注力才會增加。

有時候，我們可能會心急地希望孩子「專心學習」或者「多讀一本書」，夾帶著些許不耐煩的心情蹦出許多嘮叨的話。一頓嘮叨或許可以讓孩子好好坐在書桌前，但是不要期望這麼做會提高學習效果。孩子噘著嘴被迫坐在書桌前，是無法有效學習的。

與其翻著白眼嘮叨，還不如把平時不給他的餅乾糖果輕輕地放在孩子手中。這會讓孩子更樂意坐在書桌前，覺得學習起來更輕鬆。一個小小的小熊軟糖，瞬間就能讓學習情緒變得愉悅。對於本來就很難長時間專注學習的孩子，我們應該幫助他們培養什麼樣的情緒呢？這同樣也是父母的選擇。

●●●

「自我效能感」是衡量積極程度的標準

有一次，我在二年級數學課上，學生們正在學習「找規律」單元。我說明了各種規則並舉例後，介紹一個名為「用自己的規律裝飾三角形包裝紙」的活動，然後宣布開始。

「好，那我們開始吧！」

「老師，這個好像很有趣。」

「我想快點做完送給媽媽。」

在一片與高采烈的歡聲笑語中，我聽到了恩知低落的聲音。

「老師，這個好像很難。我做不到。」

恩知怕搞砸了，連碰都不敢碰。其實這並不是一項艱難的活動，而恩知也不是沒有繪畫天賦的孩子。

●●●

恩知雖然學習成績不算出色，但也不算特別差。然而，每當我進行新的活動時，她總是很難邁出第一步。即使我告訴她失敗也沒關係，她仍然不敢嘗試。最後往往需要我伸出援手幫助她開始。

我能做到 vs 我好像做不到

即使是在相同的條件下開始做同樣的事情，有些人會帶著積極的信念，相信自己能做到，而另一些人則會持消極的信念，認為自己無法做到。在心理學中，這種對自我能力的信念被稱為「自我效能感」（self-efficacy）。

「效能」一詞是由成效的「效」和可能的「能」所組成，字典上的釋義是呈現良好結果或意義的能力。就像藥物發揮效果，讓某種疾病痊癒一樣，一個人在衡量「自身能力在進行某項任務時，是否能發揮效果並取得成功」的感受和信念的強度，就是自我效能感。

自我效能感也是幫助我們知道孩子有多積極的指標。「相信自己能做好」的自我效能感雖然是從積極性出發，但是根據「能夠迅速從挫折中恢復」這一點來看，與復原力也有關聯。

接受逆境的情緒和態度因人而異。有些人壓力過大，有些人則淡然接受，覺得沒什麼大不了的。自我效能感高的人認為無論遇到什麼樣的逆境都能克服，自我效能感低的人則認為自己無法克服逆境。

孩子們也是一樣。當面對困難的課題時，自我效能感高的孩子會說「我能做到！」並尋找解決方案；相反地，自我效能感低的孩子不相信自己，所以很容易放棄，常常會說「我做不到！」。

培養自我效能感的四種方法

我們如何幫助孩子擁有「我能做到」的信念呢？

◎創造小小的成功經驗

自己累積的成功經驗越多，自我效能感就越高。反之，失敗經驗的累積會降低自信，導致「我沒有能力，就算去做也做不到！」的信念逐漸根深蒂固。若想累積成功經驗，設定目標非常重要。但切忌制訂過於遠大的目標，最好制訂一些稍微努力就能實現的小目標，幫助孩子反覆獲得小小的成就感。

比方說，「一次背一百個英文單字」的目標可能會因為「一百」這個數字太過龐大，造成壓迫感，導致孩子連挑戰都很不願意。比起一次就要取得巨大的成功，修改成經常獲得的小小成功會更好，例如「每天背五個英文單字，挑戰二十天」或者「每天背十個英文單字，挑戰十天」。雖然同樣要背一百個單字，但是如果拆分成「二十天當中每天五個」或「十天當中每天十個」，就會覺得值得一試，成功次數可能從十次增加到二十次，有助於提高自我效能感。

◎吸收別人的成功經驗

即使沒有親身經歷，間接的成功經驗也能提高自我效能感。當觀察到別人的成功時，會產生「這種程度我也能做到」的想法，在那一瞬間，自我效能感就會提高。相反地，如果經常目睹別人的失敗，自我效能感就會降低。間接經驗的對象若是孩子周遭與自己能力相仿或地位相近的人，效果就越顯著。

在教室裡，孩子們也會透過觀察與自己能力相仿的同學表現，來累積間接經驗。教室裡到處都是讓人覺得「那樣做應該不錯」的好榜樣。而在家中，能夠提供間接成功經驗的人有誰呢？範圍可以擴大到父母、兄弟姐妹、親戚、朋友。即使不是周圍的人，與孩子水準相近的人的作品或活動場景也可以。

當我指導孩子練習特定的鋼琴曲目時，我會先讓孩子觀看同齡孩子的演奏影片，而不是知名鋼琴家的演奏影片（知名鋼琴家的演奏影片建議留作日後鑑賞用）。鋼琴家郎朗的演奏水準太高了，孩子難以產生共鳴。相反地，同齡人雖然表現得不夠出色，但他們全力以赴演奏的樣子會讓孩子產生「這種程度我也能做到」的積極心態。這種信念有助於培養自我效能感。同齡人的經歷更具現實感，而郎朗就是偶像。

◎稱讚和鼓勵

別人的稱讚或鼓勵有助於增強自我效能感。像是「你絕對可以做到」之類的鼓勵話語會提高自我效能感，但像「你懂什麼？」這種打擊士氣的話語則會帶來反效果。而且負面話語造成的影響比正面話語更大。這與第97頁的「多給予正面的回應」是同樣的道理。

無論在何種情況下，父母都應該成為正向的強化者。父母應該對子女的行為表現出關心，並給予適當的獎勵，讓孩子感受到他們從父母身上獲得了關注和稱讚。但是，給予稱讚時也有需要注意的地方。這部分將在後續進行探討。

◎告訴孩子如何應對壓力

有一個孩子在上台報告之前極度緊張，他的手心出汗、心跳急促、臉色漲紅。自我效能感低的孩子可能會將此解釋為自己能力不足的表現，但自我效能感高的孩子則會認為身體變化是極其正常的現象，與自己的能力無關，並且設法克服。為了讓孩子有效應對這種壓力狀況，我們需要告訴孩子，任何人在緊張的情況下都可能出現這些生理症狀。

在教室裡，有許多孩子面臨上台報告時會感到緊張。如果是「我太緊張了，我做不到！」這樣的表達還算好一些，但有的孩子只會一直搖頭，有的孩子則是默不作聲，連開口都不敢。對於這樣的孩子，我們不應該說出類似「只要說一句話就好了，你連這個都做不到嗎？有什麼好緊張的？」這種帶有責備意味的話，也切忌做出調侃不屑或失望的表情。「你會緊張並不是因為你能力不夠。每個人都可能在這種情況下感到緊張。」這樣的說法會更有幫助。

實際上，每個人都會因為在意別人對自己的看法而不安，以及對於上台報告所得到的評價感到敏感，只是程度上有所差異罷了。在這種時候，我們不應該強迫孩子「無論如何都要做」。如果在過於緊張的情況下上台，這段經驗很容易被孩子歸納為負面，而負面的上台經驗，可能會被視為難以克服的失敗，從此銘記在心。

「真希望我的女兒能上台報告，就算小聲地說話也可以。但是沒關係，等你變得更勇敢了再試試看吧！不過，這次要好好聽其他同學報告，然後跟媽媽說喔！」有時候只要傾聽其他同學的報告就足夠了。透過觀察其他人間接累積經驗，儲備應對類似情況的力量。

然而，這並不意味著我們可以讓孩子跳過全班同學都要報告的課題。我們只是要告訴孩子：「不是每次都可以逃避。總有一天，就算還沒有準備好也必須上台，偶爾報告得不好在所難免，誰都有可能會遇到這種狀況。但是沒關係，任何經驗都很寶貴，沒有對錯之分。」

暫時不上台報告的影響不大，真正的大問題是發生在孩子感受到父母的失望時。父母應該站在孩子的角度思考，與孩子產生共鳴，理解他們可能會感到緊張或焦慮。當孩子感到緊張不安時，告訴他們「任何人在緊張時都會覺得很難，這很正常」，如此好好安撫孩子的心吧！

空泛的稱讚比不稱讚更糟糕

德裔美籍發展心理學家艾瑞克．艾瑞克森（Eric Erikson）說過：「孩子們不會被空泛的稱讚或降低標準的鼓勵所騙。」你是否曾經在不經意間毫無誠意地稱讚孩子「嗯，做得好」？而每當這樣的時候，或許你也曾看見孩子眼中微妙的變化。是的，孩子們通常比我們所想像的更擅長辨別語調，更能聽出隱藏在言辭中的真正含義。

◎「做得好／真聰明／好厲害」的稱讚可能導致完美主義心態

韓國電視教育台企劃節目《學校是什麼？》曾經進行一系列關於稱讚的實驗。其中一個實驗是要求二年級的學生背單字，三分鐘後將背好的單字寫在黑板上。每當學生寫出一個單字時，老師都會用諸如「你頭腦真好」、「你真聰明」、「做得好」、「好厲害」之類的言辭來稱讚他們。不久後，老師把解答放在桌子上，離開了教室。後來教室裡發生了什麼事情呢？

桌上擺著的解答和孩子們之間瀰漫著一股微妙的緊張感，而且那些先前被稱讚聰明的孩子此刻顯得很不安。結果，大約百分之七十受到過度稱讚的孩子偷看了解答。這是因為他們希望自己就像老師所稱讚的那樣成為「聰明」和「頭腦好」的孩子。而那些在寫下單字時被老師稱讚「你真努力」、「你盡力了」的孩子們則沒有作弊。

《心態致勝》的作者卡蘿．杜維克（Carol S. Dweck）表示，一旦我們被稱讚有才華，就會為了證明自己的才華而努力，甚至不惜採取不正當的手段。由於害怕自己在付出努力的時候，被人們認為「你並沒有我想像中那麼聰明」，因此選擇了「寧可不努力做事，而得到不好的結果」，然後希望獲得「那孩子的頭腦真的很好，只是因為不努力才那樣的。只要他努力就能做得很好」的評價。

◎「做得好／真聰明／好厲害」的稱讚會致使孩子逃避挑戰

在接下來的實驗中，被稱讚「聰明」或「頭腦好」的孩子們反而選擇了看起來稍微容易的題目。而得到「你真努力！」這類稱讚的孩子們在選擇下一道題時，則選擇了看起來比較困難的題目。

為什麼被誇讚聰明的孩子會選擇比較簡單的題目呢？正如前面所述，他們將考試或解題視為自我評價的過程。萬一無法正確解題，就等於證明自己頭腦不好，因此他們不願意選擇困難的題目。換句話說，他們在逃避挑戰。

還有一點值得注意的是，時常受到「聰明」等智力方面稱讚的孩子在考試結束後，會很好奇自己排第幾名、考得比誰更好，而同學們又是排第幾名、分數是多少等等。他們關注的焦點在於「自己比其他孩子聰明多少」。相反地，被稱讚努力的孩子在考試結束後會好奇究竟該怎麼解題。是的，這表示我們應該這樣稱讚孩子。

「我的孩子真是個數學天才！」（×）
「雖然時間很短，但你好努力喔！」（○）
「這個問題應該很難，但你已經盡力了。」（○）

好好傳達真誠的愛與關懷，沒有必要過分誇大讚美。與孩子的能力和成績相比，過度的稱讚不僅不會令孩子感動，反而會引起疑慮，還不如不稱讚。因此才說，讚美時不要將焦點放在能力上，如「我女兒表現得太棒了！」或「我兒子的實力是最強的！」。

◎「你是天才！」的稱讚會澆熄孩子努力的熱忱

大女兒正在解答分母不同的分數加法和減法運算問題。孩子看似漫不經心地進行計算，然後直接寫下答案而沒有詳細列出中間步驟。看到她用比我想像中更快的速度流暢地進行心算，那一刻我不由自主地班導師上身。

「這位同學，怎麼可以省略中間步驟呢？就算很清楚計算過程，還是要仔細寫下來呀！」我差點脫口說出這句話。但我隨即改變主意，因為我意識到「不，我不能這樣對待努力用功的女兒」。即便如此，後來我還是不小心失言，說出「我女兒真是個數學天才！」這種實為誇大而非稱讚的話。

雖然不太適合像老媽子一樣嘮叨「應該仔細寫下計算過程」，但是像「你是天才」這樣的讚美也不應該輕率地說出口。這孩子之所以能夠省略計算過程、加快心算速度，是因為她每天都自己做兩張數學運算題。無視孩子之前努力累積實力的過程，突然說她擁有數學天賦，這叫她如何是好呢？孩子根本不了解媽媽內心的真實想法，只聽到媽媽說她是天才，就顯得很興奮。在拚盡全力的孩子身後說出這些話，其實沒有任何幫助。

我：「不過，女兒啊，你還是要寫下計算過程……」

女兒：「媽媽，反正我已經很會算了，沒必要寫過程。寫了也只是手痠而已。」

在那一刻，我的稱讚變成了毒藥。與其同一套模式解開許多問題，不如慢慢用邏輯確實推算出一個問題答案，這樣的學習才更有意義。但是，我女兒卻對自己快速計算的才能感到滿足。這等於是作為父母的我誤導了她的學習航向。

當我念國中時，班導師曾經以「你的頭腦很好……」作為開頭來鼓勵我，當時我也覺得頭上被潑了一盆冷水，澆熄了我努力的熱忱。那種強調天賦勝過努力的言論，只會讓人自我合理化，認為自己的失敗純粹是因為沒有付出努力而已。誇獎天賦是非常危險的。以結果為導向的稱讚會使人在無意間忽視艱辛的過程。過程是漫長的，而結果僅是瞬間。

◎回應客觀事實

如果不說「做得好」或者「你最棒了」，那麼該稱讚什麼呢？有時我們可能當場想不起來。這種時候比起稱讚，不妨試著給予客觀的具體回應。只有孩子能夠接受的客觀回應才會帶來稱讚的效果。

「你畫得真好！」（×）
「你把朋友的眼睛畫得好閃亮啊！」（○）
「你用好多種方式畫出樹木的高度欸！」（○）
「你每天都在進步呢！」（○）

有時候，像這樣表達客觀的事實就已經足夠了。基於客觀事實的回應證明你有在關注孩子的行為。孩子只要發現父母用關心的目光觀察自己，就會感到高興，這將會強化他們的積極性。然後，孩子們就會自己決定要如何感受並看待這些客觀的回應。

◎有時提問比稱讚更好

與其空泛地稱讚，不如提出問題。

「你能告訴我怎麼把眼睛畫得這麼閃亮嗎？」
「你是怎麼想出這種創意的？」
「我發現你畫畫的時候常常使用綠色，你最喜歡的顏色是不是綠色？」

「你畫得最棒了！」或「你的繪畫實力是第一名！」諸如此類的稱讚，可能會給人一種「被評價」的印象。相比之下，提及客觀事實或提出問題來激發孩子的反應會更好。孩子應該在做事的時候樂在其中，而不是為了得到別人的好評而勉強努力。也就是說，不要讓他們成為聽不到掌聲就不前進的孩子。

如果希望孩子不受別人視線和評價束縛，自由自在地成長，那麼父母便需要掌握稱讚的技巧。當然，比任何稱讚都更重要的是，要進行深入的心靈交流。

應該給予孩子選擇的權利、
體驗的權利、犯錯的權利。

——音傑利

Chapter 03

培養正向習慣的力量②主動性

「自己想要嘗試」的事情越多，越能成為學習的主人

什麼？聽話的孩子才危險！

總是聽話的孩子，暗藏了什麼問題？

五年級的力揚補完習後回到家。當他放下書包、一屁股坐在沙發上的那一瞬間，手機就會響起來。不知力揚的媽媽怎麼有辦法在這麼精準的時間點打電話回來。也許因為人在辦公室的關係，媽媽用一種嚴肅的語氣交代力揚接下來要做的事情。

「你先休息三十分鐘，然後開始寫數學題。寫完三張數學題後，還有補習班的作業對吧？習題全都做完後，再把做錯的題目訂正在筆記本上……對了，學習筆記至少每科要寫三行以上。知道嗎？」

媽媽還明確地答應力揚，只要他完成媽媽的吩咐，就可以玩手機遊戲。媽媽認為既然兒子按照吩咐做得很好，那麼獎勵兒子玩遊戲倒也合適。一想到可以玩手機遊戲，力揚的心情立刻就變好了。

「媽媽，我很聽話吧？」

看到兒子這麼聽話，力揚的媽媽也感到很欣慰。

● ● ●

力揚參加了媽媽安排的兩間補習班。回到家後，他按照媽媽制訂的計畫行動。媽媽總是為他做出正確的選擇，他只要相信並且照做就可以了。力揚認為這是他的責任，也是他最能夠做到的。做完媽媽吩咐的事情後，他就可以玩遊戲了。

「主動性」是指能夠自我控制並制訂原則來執行任務的能力。問題是，力揚唯一能展現主動性的事情就是手機遊戲。在遊戲中該選擇什麼任務、該使用哪個武器、該與誰合作、現在是否該開槍等，這些他都不需要問媽媽。

除了手機遊戲之外，力揚在做其他事情時都會經常詢問「我該怎麼做」、「做完這個之後要做什麼」，或者說「我自己一個人做不了」等等。實際上，力揚在遵循「這樣做」、

「結束後接著做這個」之類的指示後，又會繼續等待下一個指示。雖然力揚確實是個很聽話的孩子，但他顯然失去了主動性。現在力揚真正需要的是什麼呢？

完美的父母會剝奪孩子的主動性

「直升機媽媽」是比喻那些像直升機一樣圍繞在子女身邊打轉，事事照顧、控制、干涉的母親。直升機媽媽不僅關注學校成績和升學問題，甚至在把孩子送上大學後，還會干涉選課和學分等事務。孩子畢業後，她們會積極參與孩子的求職及就業，最終甚至干涉孩子的戀愛及擇偶。如果力揚的媽媽繼續干涉下去，肯定會不自覺地走上直升機媽媽之路。

「你按照媽媽說的去做就行了。媽媽會幫你安排好一切。」

父母一直在替孩子做他們該做的事情，難道不是因為太過寶貝孩子，放在口裡怕化了，捧在手裡怕摔了，於是就以孩子不熟練為藉口嗎？像直升機媽媽一樣過度保護的父母，會因為替孩子解決問題而獲得成就感，並且相信這就是愛。而這種無微不至的愛，日後可能會變質成控制和干涉。在成長過程中受到過度保護的孩子會喪失解決困難的能力。所有要求都被滿足，甚至受到控制和干涉的孩子，在面對自己的問題時會非常消極。若是再加上依賴父母的傾向，孩子在外面的世界將更容易變得孤立。

再回到力揚的例子。力揚平時就對媽媽表現出極大的依賴性，只按照媽媽的指示去做，如果媽媽沒安排，他就乾脆什麼都不做。力揚的媽媽在親師會談時，形容力揚是一個乖巧又順從的兒子，並表示只要他能減少玩手機遊戲的時間就更完美了。真的只要少玩手機遊戲就會完美嗎？比起控制玩手機遊戲的時間，力揚更需要改變的是他依賴的態度。

依賴性強的孩子在學校生活時也會不太順利。在小組活動中，他們經常無法提出自己的意見，只會按照同學的要求去做。在進行學習活動時，他們每次都會問應該做什麼、怎麼做。他們可能不會製造大麻煩，但是容易被忽視，這種情況應該被嚴肅地看待。與其稱讚他們按照指示做得好，不如稱讚他們能自己找到該做的事情並且完成。無論是選擇補習班，還是補習班下課後的行程，孩子都應該要能夠自己制訂計畫並付諸實踐。而父母則是要在子女安排和實踐的過程中起到信任和鼓勵的作用。

之所以出現「父母真偉大」這句話，並不是因為父母完美無缺，而是因為父母付出了巨大努力。父母無論在任何情況下都不會放棄子女，儘管不完美，但重要的是父母正在盡力而為。人生常常被比喻成一場馬拉松，在漫長的馬拉松旅程中，不能讓孩子始終都乘坐嬰兒車。父母的角色就像是陪跑的配速員，只要確保孩子能奔跑到終點，不會在中途筋疲力盡就好。請一定要記住這一點。

面對什麼都要媽媽做的孩子，你可以這麼做

如果擔任低年級，尤其是一年級的班導師，通常上學期會和學生們一起走出校外進行放學指導，因此容易遇到來接孩子下課的家長。在各式各樣的家長中，有一種家長特別引人注目，他們只要一接到孩子就立刻打開書包檢查，主要是看聯絡簿或當天學習的成果。

在家裡迎接孩子或下班後見到孩子的情況也是如此。是誰先打開孩子的書包？是誰拿出書包裡的個人水壺、餐具盒、通知單或聯絡簿？書包、聯絡簿、水壺、餐具盒只是一個例子。重點不在於物品，而在於誰是行動的主體。

主動性，是孩子透過許多自己選擇任務的機會，以及嘗試做出決定的經驗來培養的能力。然而，問題的根源在於孩子無法區分哪些是自己的事情，哪些是父母的事情。當孩子

處於低年級時，大大小小的事情可以由父母提供幫助，但上了國中之後，仍然有很多孩子不知道如何處理自己的事。這時父母才開始擔心「孩子自己根本處理不來」、「什麼東西都要媽媽幫忙準備」、「我家孩子自理能力太差了。老師，其他孩子怎麼樣呢？」我們應該要反思一下，孩子為何會什麼都不自己做？

主動性並非放任不管就能自動生成的能力，成為國中生並不表示突然就有了獨立完成任務的能力。想要讓孩子積極主動地完成包括學習在內的所有行為，就必須教孩子方法。如果孩子都不用動任何一根手指頭，父母就會拉開書包拉鍊，拿出該洗的東西，檢查通知單和聯絡簿，那麼孩子會認為這些是誰的事情？當然會認為是父母該做的。

縱使告訴孩子「要整理書包」、「要拿出便當盒」，孩子卻不會立即行動。這也是很正常的。沒有孩子會在父母說話的那一瞬間就乾脆俐落地行動。但在這種情況下，如果父母放任不管，或者因為看不下去而自己動手，最終孩子的事情又會變成父母的事情。

也有些父母為了培養孩子自己做事的能力，就放任孩子自己做，不會給予任何提醒。以前我擔任一年級班導師的時候，班上有一位非常開朗善良的學生，但那學生經常會忘記寫作業，忘記帶準備物品，或者忘記帶通知單回條，即使已經開學很久了還是一樣。這種失誤不只出現一兩次，需要制訂對策，於是我鼓起勇氣打電話給那位學生的家長。家長表示，那是孩子自己該做的事情，如果孩子自己處理不來也沒辦法。

這種說法並沒有錯。家庭作業、準備物品、通知單回條的確是孩子的事情。但是中間漏掉了一個關鍵環節，那就是孩子未曾接觸過處理方法，根本不知道哪些是自己的工作。

面對不知道如何自理生活的孩子，你可以這麼做

走進鎮赫的房間，媽媽一時不知該說什麼好。房間地板上散落著換洗的衣物，書桌上散落雜物，沒有多餘空間能翻開一本書。

「不是跟你說過不要隨地亂丟衣服嗎？還有，這書桌是怎麼一回事？簡直就像豬窩一樣。作業寫好了嗎？」

過了一會兒，鎮赫媽媽再次打開了孩子的房門。鎮赫將衣服全都移到了床上，書桌上堆放的東西像比薩斜塔一樣塞在一個角落裡，搖搖欲墜。

◎使用具體且明確的指令

難道是鎮赫聽不懂媽媽的話嗎？肯定不是的。他只是沒有聽到具體的方法。父母應該用明確的指令來說明，好讓孩子能夠理解。「脫下來的衣服不要隨便亂丟」這樣的說法並沒有明確指出整理衣服的具體場所，而鎮赫已經按照媽媽的話把衣服整理到其他地方了，如果又再聽到嘮叨，難免會心生不滿。下達指令時，應該要用孩子能夠理解的話盡可能清楚地表達。

「脫下來的衣服要掛在衣架上，如果弄髒了需要洗的話，就放在洗衣籃裡。你要不要做一次看看？」

「先把桌子上的垃圾清乾淨，整理起來就會很容易。書按照種類放回書架上排好。」

話要說清楚，孩子才能準確地行動。諸如「這個」、「那個」、「這裡」、「那裡」之類的代名詞，以及「這樣」、「那樣」這種模糊的表達，會令孩子感到混淆。如果你正在使用這種表達方式，不妨試著改用更明確的說法看看。通常孩子們並不是因為不想做而不做，是因為不知道才做不到。

◎一次只交代一件事

在教導方法時還要記住一件事：一口氣交代許多事情，對孩子是沒有幫助的。孩子並不是多工處理專家。要一次先解決一個問題，然後再告訴他們下一步該做什麼。如果一口氣交代孩子要整理衣服、整理書桌、做作業等等，他們往往只能完成其中一兩件事，還可能一件事都做不好。

◎用簡短的話來傳達訊息

如果孩子已經聽完多次充分說明並且親自練習，熟悉操作流程後，建議從那時起改用電報式語言（telegraphic speech），也就是拿掉多餘的贅字、列舉核心詞彙就好。

「快點整理衣服。桌子也亂七八糟的，趕快整理一下！把房間弄乾淨，心情才會好，這樣才能專心讀書。」這樣的說明想必孩子都已經聽夠了。通常，指令的內容越長，聽起來越像是在嘮叨，尤其已經聽過很多遍的情況更是如此。這時若使用「整理一下」或「去整理」這類簡單明瞭的表達，反而更能夠傳遞訊息，讓孩子動起來。

◎不要說多餘的話

「媽媽不是跟你說過不要隨地亂丟衣服嗎？還有，這書桌是怎麼一回事？簡直就像豬窩一樣。作業寫好了嗎？」在鎮赫媽媽的話中，最不必要的話是哪一句呢？那就是「簡直就像豬窩一樣」。試想，鎮赫聽到這句話後會有什麼感覺呢？

如果父母經常說出令孩子感到侮辱或羞恥的話，最應該坦誠相待的親子之間很容易形成越來越疏遠的隔閡。這是因為孩子害怕被父母指責。孩子的不足之處，只要在日常生活中一點一點地改進，不會造成不便就可以了。不要讓孩子把自己當成豬，也不要讓孩子把自己的房間當成豬窩。

●●●

如果之前一直替孩子做他們該做的事情，從現在開始試著提供各種學習機會，讓孩子親自嘗試吧！若是先前總放任孩子自行處理，也應該要告知具體的方法，然後擴大讓孩子能夠進行更多嘗試的機會。

「從學校回來後先打開書包，把水壺和餐具盒放進洗碗槽裡。你要不要試一試？」

「通知單和聯絡簿一定要打開來給爸爸媽媽看，就像這樣。」
「來把明天要帶的東西先準備好，整齊地放進書包裡好嗎？」
「你檢查書包裡面有沒有不需要的東西？如果有的話，就拿出來丟掉吧！」

與其直接處理或者袖手旁觀，不如引導孩子親自動手並且反覆嘗試。只要親自去做，孩子總有一天會變得熟練而上手。請別忘記，直到孩子養成習慣、能獨力完成之前，父母都應該予以稱讚和鼓勵。父母的稱讚和鼓勵是培養孩子主動性的第一步。

孩子總有一天要長大

連瑣碎的小事也要徵求同意的孩子

有一天，女兒問我：「媽媽，我可以去洗手間嗎？」我反問道：「如果媽媽不讓你去，你會忍著不去嗎？」在那瞬間，就連孩子自己也覺得上個廁所都要徵得同意有點可笑，便尷尬地笑著走向洗手間。而我曾經發出豪語說要讓孩子自主成長，但現在不禁反思，自己是否也藉著所謂「愛」的名義干涉並拘束了孩子。

在學校裡，也有很多孩子會為了瑣碎的事情尋求同意。「老師，我可以喝水嗎？」、「老師，我可以用藍色嗎？」、「老師，我可以重畫一次嗎？」如果孩子時不時徵求同意，或許是因為他們曾經在自行選擇時受到指責或訓斥。這樣的經驗累積之後，可能會導致孩子把選擇權轉交給其他人，以避免受到指責。另外，也或許是因為害怕失敗而想要逃避，或者是在過度受到控制的情境下長大所致。如果孩子不相信自己，無法做出選擇或決定，過於依賴包括父母在內的其他人，那麼父母應該反思一下，是不是自己一直以來未曾尊重孩子的選擇和意見。

「只要是你自己選擇的都可以。」無論何時，只要孩子的行為不會涉及危險或傷害別人，我們就這樣說，並且相信孩子吧！

●●●

◎代替孩子去做vs幫助孩子做到

有一次，我在製作一年級數學課程要用的遠距教學教材。為了製作數學動畫影片，需要收錄孩童的聲音，於是我請小女兒幫忙配音。

「高的開關給哥哥關，低的小燈給妹妹關。」

「我要關高的開關。」

「那個對你來說太高了。等你長到像哥哥一樣高的時候再關吧！」

錄音結束後，哥哥滿臉疑惑地問了我一個問題：

「媽媽，高的開關只要稍微幫忙一下，妹妹也關得到。為什麼要等她再長高一點才讓她關呢？好奇怪喔！」

●●●

這支動畫的主題是大與小、高與低之類的「比較」，所以我並沒有注意到這個細節。然而，哥哥的一番話使我茅塞頓開。正如孩子所說的，像打開和關閉開關這樣的事情並非一定要等到長高了才能做。反倒是妹妹在聽到媽媽親切溫柔的言語後，可能會感到力不從心，覺得這是超出自己能力範圍的事情而立刻放棄。也就是說，我無意中掐熄了孩子想要自己嘗試的決心。

即使踮起腳尖，孩子的手可能還是碰不到高處的開關。但就算超出孩子的能力，我們仍應該幫助孩子嘗試挑戰。與其說「你個子矮，做不到，媽媽替你做」，不如問「需不需要媽媽幫忙呢？」然後一口氣將孩子舉高，幫助孩子關掉開關。當然，這需要父母投入更多的努力和精力，但透過適當的協助讓孩子能自己做到，是增加經驗和成就感的好方法。哪怕有八成的努力和力氣是來自於父母，仍有二成的成就應歸功於孩子的付出。

假如是憑孩子的能力難以做到的事情，或是看來會有危險的事情，那麼與其代替他們去做或禁止他們去做，不如不動聲色地提出對策或解決方案。比方說，如果孩子即使踮起腳也碰不到開關，我們可以輕聲提醒孩子使用台階看看。這樣一來，原本是媽媽直接幫忙把孩子舉高占了八成功勞，就轉變成孩子自己占了八成功勞。孩子們會因為自己的努力而感到更加自豪。

面對任性且愛耍賴的孩子，你可以這麼做

有些孩子無論什麼事情都想按照自己的意思去做，而且還會耍賴。能夠準確表達自己的想法並堅持主張固然很好，但若太過度就成了任性。因此，絕不能把任性與主動性混為一談。

◎給予有限的自主權

在給予孩子自主權時，有個需要注意的地方。對於還沒有能力做出合理決定的幼童，

我們應該限制選擇範圍。也就是由父母提供幾個選項，讓孩子從中自由選擇。但是什麼時候應該提供選項呢？舉例來說，如果孩子一整天都在玩，不完成當天的學習進度也不做作業，這時應該給孩子多少自主權呢？

孩子也應該要明白「一定要做的事情沒有選擇權」。作業並不是可以選擇做或不做的選項。如果是必須做的事情，那麼可以選擇的只有完成的順序和方法。這就是有限的自主權。有限的自主權就像是設下一道柵欄。當然，隨著孩子的成長，我們也應該要擴大籬笆一樣擴大孩子的選擇範圍。當孩子長大成人後，就不再需要為他們設定選項了。

◎提出一貫的紀律

自主和自由是不同的概念。毫無節制地給予孩子自由，幾乎等於是默許孩子放肆。反之，一一干涉和限制的做法則接近於控制。父母既不該放任也不該控制，而是應該在適當範圍內培養孩子的主動性。但也不能以培養主動性的名義放任不管，我們需要幫助孩子認知應該遵守的紀律。

「媽媽，我能不能再看三十分鐘的 YouTube？」
「不行，我們不是說好一天不能看超過三十分鐘嗎？」

雖然已經跟孩子約定了看影片的時間，但你是否曾經在餐廳裡為了讓孩子保持安靜，或者怕跟著參加聚會的孩子在一旁覺得無聊，又或者因為家務繁忙不能陪孩子玩等種種原因，就先打破了你跟孩子共同制訂的規則呢？

你是否曾經把手機遞給孩子，然後跟孩子說「只有『今天』可以看得久一點」？我們該注意的是，紀律必須保持一致，不能根據父母的心情和所處的情況而改變。在維持一貫性的環境下培養出來的才是主動性。未能在適當的紀律下長大的孩子將難以培養自我控制的能力。

面對不願意被指使的孩子，你可以這麼做

一年級的世琳放學後回到家，一打開書包，就突然嘀嘀咕咕說：

「媽媽，這些事情一定要我做嗎？媽媽可不可以幫我做？」

從書包裡拿出餐具盒和水壺時，她的動作頗為粗魯且不耐煩。

「這是你該做的事情。」

媽媽果斷地告訴她事情該由她來做，但是世琳的表情和行為仍然顯得相當不滿。

●●●

世琳之所以不想做她該做的事情，不是因為「困難」，而是因為「被指使」。把餐具和水壺放進洗碗槽並非難事，也不費力，但是因為被媽媽指使去做，她就不想做了。被指使的事情任誰都不願意做，這是一種本能，也是自由意志的表現。

即使是孩子不願意做的事情，父母也不能一直代替他們去做。但這並不表示可以強迫一名一年級的孩子說：「這是你的事情，一定要由你來做。」這種做法並不可取。在這種情況下應該怎麼說呢？

◎讓人願意行動的三種說法

「人類的動機取決於是否依自己的意志決定行動」。這就是羅徹斯特大學心理學教授愛德華・德西（Deci Edward L.）提出的自我決定理論（self-determination theory，簡稱SDT）。人要有動機才會制訂目標，並產生實現目標的意志。也就是說，驅使人類行動的最強大能量就是動機。自我決定理論指出，提升動機的需求關乎於勝任感、歸屬感和主動性。對於不願意被指使的孩子，使用激發這三種需求的說法會很有幫助。

①激發「勝任感」的說法

勝任感是指相信自己有做好某項工作的能力。這與前面提到的自我效能感是同樣的概念。觀察孩子做得好的行為，並給予積極的回應，可以激發孩子的勝任感。

「原來你已經長這麼大，能自己把餐具盒和水壺放進洗碗槽裡了！你能做的事情每天都在增加，證明你正在好好的長大。」

②激發「歸屬感」的說法

歸屬感是指得到別人的鼓勵或積極的回應時，會對某種行為產生更多興趣和動力。社會關係對激發動機具有很大的影響。然而，父母在與孩子交談時，還是會經常忘記這個顯而易見的事實。儘管聽起來很老套，但積極的回應確實更能夠提升動機。

「有你幫忙做家事，家裡的事情就輕鬆多了。我們真是一組很棒的團隊。謝謝你！」

③激發「主動性」的說法

谷歌允許員工在工作時間內使用二〇%的時間做自己想做的事情。據說給予員工自主權後，員工的動機提升，生產力反而更高了。可以說谷歌推出的熱門商品大多數都起源於「二〇%時間政策」。

眼下，我們做自己想做的事情，不也是比被別人指使去做事更快樂、更有幹勁嗎？與其一味指使孩子做事，不如給孩子選項，讓他們自由選擇，這樣才能讓孩子行動起來。

「家務事需要我們一起來完成。在這麼多的家務事當中，你能幫忙做些什麼呢？」
「我覺得我現在還很難自己洗碗。但我可以把需要洗的碗盤和水壺拿到水槽裡。」
「那麼這些事情你能幫忙嗎？」
「好啊，當然可以。」

面對做事被動、一個口令一個動作的孩子，你可以這麼做

世界上沒有人喜歡被命令做事。孩子們也一樣。對於「趕快洗一洗收拾好」、「現在馬上去做作業」這樣的話，孩子不會有反應。然而，儘管孩子們不喜歡被命令，但他們也不會主動去做。看到這種狀況，父母心裡難免火冒三丈。跟孩子一起在家的時候，會發現有太多需要指使他們去做的事情。如果從頭到尾一件一件地交代，父母容易精疲力盡，孩子也會聽得心不在焉。

無論再怎麼尊重孩子的主動性，實際上養育孩子時，父母仍會經常遇到需要干預的情況。如果孩子懂得主動去做，那就再好不過了，但是沒有孩子從一開始就能自己去做每件事情。對於普通孩子來說，如果不命令，他們就不會動。「你作業沒做吧？現在馬上

去寫！」這種話父母幾乎每天都會說，沒有一天例外。對於這樣的孩子，父母應該怎麼說呢？

◎使用疑問句

像是「什麼時候做作業呢？」、「什麼時候出門呢？」、「你要在哪裡念書？」、「你要穿什麼衣服？」、「你要讀哪一本書？」、「你要怎麼做呢？」，像這樣加上「什麼時候、在哪裡、做什麼、怎麼做」等疑問詞，就會成為開放式的問題。被問到這類問題時，孩子們會覺得自己受到了尊重。

把「好好做作業，然後收拾書包，該準備的東西不要忘了帶！」這樣的句子，改為「明天有沒有什麼要帶的東西或作業？媽媽有什麼可以幫忙的嗎？」這樣的問法後，孩子們就會自然而然想起明天要準備的物品和作業，而且這樣說也更令人心情愉悅。

「藝雪，先選好明天要穿的衣服，這樣早上才不會慌張呀！」（×）

「媽媽明天穿什麼好呢？嗯……藝雪，你明天要穿什麼啊？」（○）

就像這樣，即使父母沒有指示孩子提前挑選衣服，孩子自己也會考慮明天要穿什麼，並且做出選擇。

父母：「明天媽媽做早餐之前還有一些時間！那麼，媽媽早上想要再讀讀這本書。藝雪你要做什麼呢？」

孩子：「嗯……我寫完數學題庫後，要再讀一次昨天寫的日記，看看有沒有需要修改的地方。」

每個孩子都有自己的想法。父母的任務是要創造一個讓孩子能夠輕鬆說出自己的想法並且付諸行動的環境。孩子表達自己想法的次數越多，他們自發行動的頻率也會越高。

◎尊重任何選擇

主動性是從給予選擇權開始的。「由你來選擇也可以」、「無論你選擇什麼，我都會尊重你」，我們應該要能夠說出這樣的話。當然，孩子可能會做出錯誤的選擇，但即使如此，與其由父母糾正錯誤，不如讓孩子自己透過經驗來認知錯誤，這樣他們才會在下一次選擇時更加慎重。如此反覆進行到後來，他們將能做出更好的選擇。

假如每當孩子做出錯誤的選擇時，父母都試圖糾正，孩子就會認為自己沒有必要慎重考慮後再選擇。沒有人會為了一個遲早要被推翻的決定而費心考慮，因此，如果父母用疑問句的方式將選擇權交給了孩子，即使得到不滿意的答覆也應該要予以尊重。

◎從小事開始給予選擇的機會

那麼，孩子能自己選擇的事情有哪些呢？比方說，「吃點蔬菜」這句話就是沒有選擇權的命令句。如果一定要讓孩子吃蔬菜，可以讓他們從幾種蔬菜中選擇，例如「有菠菜、小黃瓜、胡蘿蔔，你想吃哪一種？」像這樣提供幾種選項時，孩子會感覺到自己是可以控制局面的。另外，讓孩子自己制訂起床時間或就寢時間，這類需要遵守的規則也不錯。

還有看電視或玩遊戲時，最好也能讓孩子自己設定時間限制。想想看，「只可以看三十分鐘，然後就要把電視關掉」這樣的命令句該怎麼調整呢？

父母：「你覺得看電視看到幾點合適呢？」

孩子：「我就看一個小時。」

父母：「看一個小時的話，應該會超過睡覺的時間吧？」

孩子：「那我看三十分鐘就好。」

一旦孩子自己做出選擇，他們就會成為決策者，進而成為下一階段實踐的主體。做自己選擇並決定的事情時，不僅會產生責任感和愉悅感，還會提高參與度。無論是學習還是其他事情，用這種方式去做才能做得更好。

面對在穿著方面堅持己見的孩子，你可以這麼做

在我擔任一年級班導師時，曾經有一個學生穿著艾莎公主裙來上學。那天並不是什麼特別的日子，而她的媽媽透過孩子轉交了一封信，信上寫著孩子無論如何都不肯換下這套衣服，所以就讓她穿了。我經常聽到家長們抱怨每天早上都會因為孩子的服裝發生爭執。每當遇到這樣的狀況，我就會回答說穿艾莎公主裙也不錯，穿蜘蛛人裝也可以。只要不是

過分不合季節的衣服，穿什麼都沒關係。就算衣服穿起來稍微熱一點或冷一點，那也是孩子自己的決定，等到孩子穿來上學後親自感受到這身衣服不合適就好了。

那天，同學們對那個穿著艾莎公主裙的孩子表現出相當濃厚的興趣，其中甚至有幾位同學嚇了一跳。同學們超乎預料的反應令那孩子不知所措，卻又有點興奮。但這種開心只是暫時的，每當她活動身體時，衣服都會礙事，導致那孩子後來時不時便皺起眉頭。

放學時，我對這位學生說：「這件裙子真的很漂亮，但是在學校上課的時候穿這件不太方便，下次我們穿舒服一點的衣服過來吧！」自從我這樣建議後，那孩子就再也不曾穿艾莎公主裙來上學了。如果不是會凍死或者熱得要死的服裝，我們就睜一隻眼閉一隻眼，放手讓孩子選擇自己喜歡的衣服，將判斷對錯的權力交給孩子吧！

父母：「你今天穿公主裙去上學的感覺怎麼樣？」

孩子：「老師和同學都說很漂亮，我好高興，可是後來上課的時候一直覺得不舒服。而且去拿營養午餐的時候，大家都一直在看我，我不太喜歡這樣。」

父母：「這樣啊，那你覺得上學應該穿什麼樣的衣服比較好呢？」

孩子：「我還是穿舒服的衣服去好了，公主裙就留到出去玩的時候穿吧！」

想要獲得更好的選擇和更好的結果，是需要時間的。世界上沒有一蹴可幾的事情。為了得到想要的結果，必須勇於嘗試並且從錯誤中學習。決定的責任在於孩子身上。

給予的選擇權越多，孩子的主動性就越高。然而，有許多父母明明知道這一點，卻仍然無法付諸實踐。這是為什麼呢？因為愛孩子的關係。他們明明看到了更好的選擇，深怕孩子如果做出其他不恰當的選擇，之後可能會很辛苦。他們擔心孩子會做出錯誤的選擇導致失敗或問題，但這種擔憂反而證實了父母對孩子不夠信任。

要相信一個還很幼稚、動作生疏、不夠成熟的孩子絕非易事。我也清楚父母想讓孩子快速成功而少走彎路的心情。即使如此，我們仍然需要相信和等待。請記住，就算孩子們做出不成熟的選擇和行為，也會從中學到東西，甚至會比一開始就做出正確選擇和行為時學到更多。小孩子就是這樣，所以相信並等待他們吧！只有在信任時，才會給予選擇權。

「你會做得很好的。錯了又怎麼樣？再來一次就行了。」

主動性會提升自主學習

數位化時代極需主動性

許多跨國企業，如谷歌、Meta、亞馬遜、網飛等，會將決策權和責任下放給每個員工，讓他們自行處理工作。當然，根據個人的工作表現，得到的獎勵也會有所不同。由於決策過程縮短，工作效率也隨之提高，可以更快速地因應社會變化。

對於孩子來說，主動性是決策和處理工作時所需的最佳能力。主動性可以減少糾結和苦惱的時間，更快做出應對及改變。由於勢不可擋，最好能迅速接受並因應變化。在這個數位化的時代，速度至關重要，因此極需能夠自行規劃、決定和實行的主動性。這就是為什麼我們應該更關注孩子主動性的原因。

讓孩子擺脫父母的主導

為了培養出主動性高的孩子，首先要做的就是不要由父母主導孩子。活在家長「計畫」中的孩子，會認為憑自己的力量什麼都做不了。一旦他們感受到只要按照指令行事即可，就會喪失自己想要做些什麼的意志。

沒有任何父母希望自己的孩子雖然很聽話，但是長大後什麼都不會做。因此，從現在起，我們需要慢慢練習將主導權交給孩子。自己決定並實行的結果不可能總是好的。沒有人能夠第一次嘗試就把事情做好，難免會經歷多次的失敗。儘管如此，孩子們卻也會在這些過程中學到許多東西，而那些都是不親自嘗試就永遠無法學到的。

在一再嘗試的過程中，孩子們會設法找出更好的方法。另外，在做決定時，他們還會培養出更多縝密分析、預測結果、制訂計畫的能力。即使經過慎重考慮和實行後失敗，這也是孩子的責任。不論是選擇還是責任，都交由孩子來承擔吧！

自主學習也是如此。一味地給予時間、買參考書，然後叫孩子自己學習，絕對無法達到理想的成效。唯有在具備主動性的基礎上，才可能進行自主學習。

陪伴孩子制訂學習主導權轉移計畫

一提到「自主學習」，通常會想到孩子獨自坐在書桌前念書的樣子。這是一種誤解。自主學習是從「父母幫助孩子掌握學習方法」開始。「自己看著辦」是一種以主動性為名義的放任。在孩子養成自己學習的習慣之前，需要由優秀的教練，亦即父母來陪伴。

◎第一階段：說明為什麼需要學習

強迫式的被動學習無法保持學習的持續性，也無法取得良好的學習成果。儘管有些孩子會因為覺得有趣或者有明確的目標而學習，但這種情況相當罕見。遺憾的是，一般情況下，孩子們只會因為被吩咐、因為是作業，認為不得不做而勉強學習。

「為什麼要學習？」孩子們問這個問題，難道真的是想知道為何要學習嗎？不是的。這是為了隱藏心中不想學習的真實想法而拐個彎的問題。「如果你希望長大後成為一個優秀的人，現在就要努力學習。」這種籠統的說法對國小生來說太抽象了。光是主張學習是每一個學生應盡的義務，也缺乏說服力。

有方法能讓孩子接受自己是因為需要而學習的嗎？無論是夢想成為工程博士，還是夢想成為普通的公司職員，又或者是做任何事情，只要想做，都必須先學習並掌握做那件事的相關技能，而為了能學會、熟悉、磨練，就需要學習能力。無論做任何事情都是如此。雖然進入社會後很少會用到微積分，但在學習微積分的過程中，為了理解微積分，學習能力會提高。我們說明時應該要讓孩子理解到，掌握、解析並活用新資訊，正是培養學習能力的過程。

聽到「讀書是學生的本分」時，孩子們會感到厭煩，但如果我們補充說明「學習能力在學生時期最能夠培養出來」，孩子們可能就會點頭同意。當然，成年以後還是可以培養學習能力，但只有在學生時期才能享有專注學習的環境。因為出社會後可能隨即就要負擔生計或照顧家庭，而且吸收能力也不如年幼時期。

在孩子日後生活的未來社會裡，終身職業的概念將會消失。然而，只要具備學習能力，即使面對急劇變遷的社會也不必擔心。這就是學習的理由、學習的必要性。沒有成長的生活就是停滯不前。我們要讓孩子知道，自己的未來是會維持現狀還是會逆轉翻盤，取決於自己透過學習獲得了多少的能力。

◎第二階段：讓孩子制定具體可行的計畫

如果制訂了大計畫，就應該制訂其他配套的小計畫來支持這些大計畫。關鍵是要制訂孩子能夠遵行的方法，使其能夠實現。想要做到這一點，方法就必須實際且具體。

可以試著按學期、月份、星期和日期來安排，然後列出每天該執行的任務清單。比如寫完兩張數學練習題、讀一小時的書、看三十分鐘的英語影片、讀兩本英文故事書，寫作方面可以從生活日記、學習日記、童話創作、讀書心得當中擇一進行，還有像是運動三十分鐘等等，學習量和活動量都要詳細記錄。

要求孩子制訂計畫時，他們可能會制訂得太少，或者因為充滿鬥志而制訂超出能力範圍的計畫。這些都不要緊。總之先開始嘗試，然後在過程中逐漸調整，這樣實踐到後來，計畫就會越來越完善。安排學習時間時，也要考量到休息和遊戲時間。雖然學習時間和遊戲時間的比例沒有正確答案，但必須是孩子能夠接受的比例。

重點不是計畫制訂得有多好，而是一定要完成計畫中的學習目標。無論是訂下三十分鐘還是三個小時，一旦決定後就要完成。為了實現自主學習的目標，最好將計畫寫在孩子容易看到的地方。可以先跟孩子一起討論要學什麼、什麼時候學、要學多少、要用什麼方法來學，然後具體寫下可以實踐的計畫。

能在一天之內體驗和實現的小計畫越多越好。計畫必須充分可行，而且不會感到負擔，這樣孩子才能實踐。反覆實踐、養成學習習慣後，學習的質與量也會慢慢增加。要是在實踐階段累積失敗經驗，將導致自我效能感降低，因此我們需要幫助孩子制訂實際可行的計畫並且執行，藉此將失敗率降至最低。

◎第三階段：支持孩子的主動性

學習需要每天堅持不懈地反覆進行，這點相當重要。如果常常出現例外情況，比如這天有客人要來，再過兩天要和朋友出去玩，週末要去親戚家，隔沒幾天又要……這樣三天曬網兩天捕魚，孩子就無法養成自主學習的習慣。情況不理想的時候，可以適度地簡化計畫，好讓孩子能夠實踐，靈活地根據情況修正計畫。

可以根據當天的情況，調整成隔天多做一些，或者提前做好，又或者是減少分量。但有一點需要注意，就是不該單方面指示，而是要跟孩子討論後決定，以支持孩子的主動性。比如「今天應該會很忙，明天再做」這句話雖然有彈性，但這是父母單方面的指示。

父母：「今天有客人要來，念書的時間可能會不夠，你覺得該怎麼辦才好呢？」

孩子：「那今天就只做一頁練習題，剩下的明天早上起床後再做，這樣可以嗎？」

出現例外情況需要調整計畫時，應該將修改權限交給孩子。在制訂學習計畫時，也應該保留彈性，讓孩子有喘息的空間。而孩子們在養成習慣後，也能學會並熟悉如何根據不同情況進行適當調整。

面對不愛念書的孩子，該如何從旁協助？

在紀錄片《不愛念書的孩子》中，進行了培養積極性和主動性的實驗，並且展示了學習效果以及實驗過程。他們將十二名四年級的學生分成A組和B組，每組六人。老師告訴A組的學生必須在一個小時內好好坐在教室裡完成八十道題，然後離開了教室。起初，學生們集中精神解題解了大約二十分鐘，但之後他們似乎只是在熬時間，而不再專注於解題上。儘管如此，六名學生都在一個小時內答完了八十道題。學生們走出教室後，記者問他們題目難不難時，他們都坦白說題目很難、解題解得很辛苦。當被問到記不記得做了哪些題目時，其中五名學生連一道題都想不起來。

至於被分配到B組的學生，他們可以在八十道題中自由選擇要做的科目以及解題的數量。而且老師還對他們說可以邊休息邊解題。儘管如此，B組的學生們依然專心解題解了三十分鐘以上。原先，六名學生各自選擇要做十道題、二十道題、四十道題，但後來其中五名學生都答完了八十道題。當記者在他們離開教室後問他們覺得題目怎麼樣時，所有人都回答說很簡單，而再被問到有沒有記得的題目時，有五名學生還記得題目。

此外，兩組的考試分數也出現了差異。自由選擇學習時間和方法的B組學生，他們在四個科目的平均分數比A組學生高出五分，其中數學分數甚至足足相差十分。這個實驗展示了如何才能提高學習效果。父母越是嚴格管理孩子，孩子越會在父母干涉下逐漸失去主動性。這樣父母和孩子雙方都累，學習效果卻不升反降。

現在，你家孩子的學習主導權是在誰的手裡呢？假如是由父母緊緊抓著，那麼今後就移交給孩子吧！如果父母認為不要求孩子就學不好，這種焦慮反而會破壞孩子的學習情緒。學習的分量、時間和內容應該由孩子自己決定，至於相信孩子能夠做好並且給予鼓勵，這才是父母應該做的事情。

旅行是制訂自主計畫的最佳機會

我曾經和家人一起去濟州島旅行。當初這件事情一確定，我就對孩子們說：「這次去濟州島旅行，你們要不要試著自己當導遊看看？」於是，孩子們花了好幾天的時間查閱各種書籍，選擇想去的地方，並且攤開大張的地圖，確認了相關地點。在親自制訂旅行計畫的過程中，孩子們似乎意識到該要考慮的事項很多，例如交通時間、體驗時間、用餐時間等。雖然還有許多不完善之處，但無論如何，孩子們總算用自己的方式完成了旅行計畫表。或許因為這是孩子第一次自己安排旅程，他們看起來比平時更為興奮。此外，可能是因為行前花了一段時間閱讀許多有關濟州島的書籍，並且頻繁地查找地圖，所以他們在整段旅程中顯得更加愉快。

通常在家庭旅行時，都是由父母主導、制訂計畫、安排行程。一般來說，會綜合考量孩子和父母想去的地方，適當地組合在一起安排日程。然而，並不是每一次的旅行都能按照計畫順利進行，難免也有不順的時候。有時可能得拖著想要整天玩水的孩子參觀他們不感興趣的景點，或者拉著孩子的手說某處是必須要逛。每次的旅行都需投入許多金錢和時間，所以想要盡可能讓孩子多逛多看、拓展視野。父母這樣的心情是可以理解的，我自己也有很多這樣的回憶。儘管如此，還是建議至少要把旅行的主導權交給孩子一次。

孩子親自規劃和實踐的旅行，比其他任何經驗都更有趣，也更能留下深刻的印象。對孩子來說，這是花錢也買不到的寶貴經驗。所以，就當作被騙也好，放手嘗試看看吧！事實上，孩子們比父母所想像的更喜歡制訂旅行計畫。看到孩子們在整段旅行期間自主行動的樣子，父母一定會大吃一驚的，請拭目以待。

老師在國小社會課教學地理概念時，會從村莊到鄉鎮、城市，再擴展到整個國家。學生們會學到比例尺和方位圖的概念，在空白地圖上親手繪製地圖，並透過學習各地社會、文化和經濟情況，針對想要參觀的地區製作計畫報告書。

然而，學校的課程終究有限，不可能帶學生們去參觀所有他們想要參觀的地方。再加上每個家庭的處境都不一樣，所以學校也不能隨便規定「自行前往參觀」之類的作業。最終，老師只能跟學生一起觀看影片或資料，請他們想像自己真的前往實地參觀的情況，然後讓孩子們製作計畫報告書。遇到這種情況，我都會感到非常遺憾。

因此，就讓我們利用家庭旅行或郊遊來彌補學校課程的遺憾如何？由孩子主導的旅行不僅可以提高學習活動的完整性，更是培養主動性的絕佳機會。即使不是像濟州島旅遊這種比較大型的旅行，只是去自家附近的郊外遊玩，也不妨嘗試一下。這對國小生而言是完全可以做到的，挑戰看看吧！

勝者喜歡說

「再試一次」，

敗者喜歡說

「試了也無濟於事」。

——塔木德（Talmud）

Chapter 04

培養正向習慣的力量 ③自律性

在學習方面也要「不斷嘗試直到學會」，才能累積成功經驗

人生不可能只做自己想做的事

老師，這些一定要做完嗎？

二年級數學課上，學生們正忙著學習九九乘法表。像九九乘法這種基礎運算，除了理解原理之外，大量練習解題也很重要，於是我製作了練習卷發給學生們。練習卷上還包括了點陣圖著色活動，要將商數塗成同樣的顏色才能完成圖案。「老師，一定要把這些都做完嗎？」大多數孩子覺得點陣圖著色很有趣，但也有一部分的孩子覺得無聊而不想做。

在課堂上有許多像是著色般單純的簡易學習活動。例如，找出點陣圖中的特定數字並塗上相同顏色、填入數字表格中缺漏的數字，或者單純塗色完成圖畫等。

當然，每個孩子都有自己喜歡和不喜歡的活動。但是有些孩子連試都沒試過就露出不耐煩的表情，還問是否一定要做完。這樣的孩子會逐漸降低學習的欲望，他們可能有自己不想做的理由，但如果只是因為覺得無聊、沒趣或者麻煩，就需要與孩子認真地對話。在這個世界上，不可能只做自己想做的事情，而且就算只做自己想做的事情也不一定會快樂。

普通孩子與全校第一的差別

還記得有一次我媽媽接到電話後，聲音變得很激動。原來，打電話來的是我即將入學的高中導師。掛掉電話後，媽媽開心得嘴巴都快咧到耳邊去了，還說要帶我去買套新衣服，因為我在分發考試中拿到了全校第一名，要作為新生代表上台進行入學宣誓。

開學典禮當天，我穿著雖然是便服，但是任誰看來都像校服的裙子和外套，用顫抖的聲音宣讀了誓詞。從一起入學的一年級新生到三年級的學姐們，超過一千雙眼睛的目光彷彿要穿透我的雙頰。而班長的職位也落在了我身上。老師們看到我都說「嘿～全校第一」或「嗨～班長」，同學們也跟著這樣叫我。雖然前面加上的這些修飾詞讓我頗有負擔，但我還是暗暗地挺起了胸膛。

不久後，學校舉行了第一次期中考。雖然我盡了最大的努力，但還是得把全校第一的頭銜拱手讓給副班長允英。在那以後，我一直都很努力用功，成績卻總是無法超越允英。允英和我究竟有什麼不同呢？

允英是一個很有主見的人，對於自己不認同的事情，她會明確地表達自己的想法，一點都不含糊。允英的目標非常明確，她很清楚為了考上理想的大學需要做出哪些努力。

允英經常說她要成為一名醫生。她不是說「想成為」，而是肯定地說「要成為」，這種堅定的態度讓允英看起來尤其不凡。她的考試目標始終都是「滿分」。即使包括美術、體育這些科目在內，總共超過十個科目，她出錯的題目只用一隻手就數得完。由此可知，考滿分對她而言並非不切實際的目標。

允英在考試範圍公布之前就能提早預測範圍，然後制訂非常具體的計畫，甚至詳盡得有些過頭。她說，她要把學習的科目、分量、預計所需時間，甚至參考書的種類都一一仔細列出，因此光是制訂計畫就要耗費相當長的時間，跟我所列出的「今天讀國文，明天讀數學，後天讀社會」這種簡易的計畫表截然不同。允英的計畫表沒有修改的空間，也沒有重新制訂的餘地。在當時尚且年幼的我眼中，這樣的允英可真是個狠角色。

●●●

難道允英和我只是排名不一樣嗎？其實我們最大、最關鍵的差別在於態度，亦即為了實現目標而全心投入的態度，也就是「自律性」。我雖然以全校第一名的成績進入了中學，但那場考試是全校第一名頭銜的開始，也是結束。儘管想要得到成績優異的評價，但我並沒有付出相對的努力，也沒有足夠的意志力。反觀允英，當初她說要當醫生，如今也已經是一名影像醫學專科醫師了。她堅定而果斷的措辭和看似極端的行動，現在看來都是自律性的體現，才是允英和我之間最大的差異。

自律性要滿足兩個條件才能完成。一個是堅韌不拔的「毅力」，另一個是決心實現目標的「動機」和「意志」。有了自律性，就不會止步於單次行動。比如說，在考試即將到來之際，因內心急迫而熬夜衝刺的行為並非自律性；在百忙之中依然堅持投入一定的時間來做某件事，這種持之以恆的力量才是自律性。自律性的關鍵，在於帶著「目標」和「動機」，並用堅持不懈的「意志」加以鞏固。

無論是大人還是孩子，在生活中很多時候都會被迫去做自己不喜歡的事情。而且，孩子的周遭還充斥著許多誘惑，會分散他們的注意力，將他們引向其他道路。要孩子設定目標、努力實現，並不是件容易的事情。儘管如此，我們仍然應該培養出有自律性的孩子，讓他們就算面對不想做的事情也能開始並完成。這點就跟幫助孩子養成每天閱讀、寫作、學習的興趣一樣重要。

只要擁有堅持到底的力量，亦即有堅實的自律性支撐，縱使面對枯燥的工作也能全力以赴。少了努力，天賦就無法實現。若想嶄露才華，自律性是必不可少的。

如何培養出能夠堅持到底的孩子

面對無法靜下心來學習的孩子，你可以這麼做

「老師，我家孩子就連坐下來安靜讀個十分鐘的書都做不到。」

我曾經遇過一些學生，別說是要完成每天的學習進度了，他們就連十分鐘也很難好好地坐著。即使是在學校上課時，他們的身體也會扭來扭去，找各種藉口站起來四處走動。也有些孩子雖然屁股穩穩地坐在椅子上，但是心思全都跑到外太空去了。他們無法將身心集中投入在一件事情上，總是因為其他事情而分心。這些孩子的注意力明顯不足的孩子。

◎需要的不是專注力而是「注意力」

看到經常扭動身體、無法集中精神的孩子，你可能會想：「他們是不是專注力不足？」專注力和注意力看起來相似，實際上卻存在著差異。專注力是指專心投入於某一件事情或活動的能力，而注意力則是對某一方面產生興趣的能力。注意力可以縮小或擴大興趣的範圍，並且還涵蓋了調節專注力的能力。

簡單來說，「投入於自己喜歡的事情中」是專注力，「對於自己不喜歡的事情也予以關注」則是注意力。如果能對不喜歡的事情產生興趣並保持專注，會發生什麼情況呢？

如果專注力高，即使投入相同的時間，結果也會有所不同。然而，孩子們往往難以保持專注力。一般來說，國小低年級學生最長能持續十到二十分鐘，高年級學生最長能持續三十到五十分鐘。也就是說，一年級的孩子連十分鐘都專心不了，這並不是什麼值得擔心的事情。當然，注意力不足則又另當別論。如何才能判定是注意力不足呢？讓我們來確認孩子是否符合以下幾點。

- 看起來不太會傾聽別人說話。（　）
- 記不得從別人那裡聽到的話。（　）
- 無法靜靜地坐著，經常動來動去。（　）
- 往往等不及輪到自己。（　）
- 不合時宜地過度走動或跑來跑去。（　）
- 經常妨礙或干涉別人正在做的事情。（　）
- 經常忘記日常的事務。（　）

這是一些診斷注意力不足的項目。重要的不僅是符合幾條項目，還要確認其頻繁程度。國小生普遍都有些散漫和調皮，儘管如此，肯定有一些孩子的情況明顯超出常人。我每年都會遇到一名被診斷為ＡＤＨＤ（注意力不足過動症）的學生，而且通常是低年級的學生，因為高年級的學生大多已經在接受治療了。

班導師是與孩子最頻繁接觸的人，因此比任何人更容易察覺孩子的狀況。當班導師發現一個孩子可能患有ＡＤＨＤ時，心中會很掙扎，擔心對學生和家長造成傷害，不知道是否應該告訴家長。因為老師很清楚，即使細數孩子十個值得稱讚的地方，只要提到一個不足之處，父母也只會聽見那一處不足並且想得很嚴重。

也有不少父母會埋怨老師，不僅講了等於白講，反而還可能惹來一身腥，所以很多老師都相當謹慎，不會輕易告知。如果老師沒有十足的把握，可能還會去找其他了解這位學生的老師商量。經過像這樣小心翼翼、猶豫再三的過程後，老師最終鼓起勇氣告訴家長的理由只有一個：教育是家庭和學校必須共同合作的事業。

孩子們透過「家庭和學校」這個教育共同體學習和成長。一旦發現孩子出現了ADHD症狀，家庭和學校應該緊密合作。如果早已被專業機構診斷為ADHD，也應該告知班導師，請求他們的關心與指導。在某些情況下，專業機構和班導師可能會互相聯繫、共同指導。

先前我遇到的ADHD孩子，大多數在接受治療後症狀明顯好轉。他們就像其他普通孩子一樣健康成長，學校生活也進展得很順利。當然，大人們難免會產生負面的想法，不想面對這個事實。但越是迴避，孩子的症狀就越惡化，導致治療變得越加困難。接受正確的診斷並且同時進行治療，才是真正為孩子著想的做法。

相反地，有時也會出現老師認為正常，但父母懷疑孩子可能患有ADHD的情況。

低年級的學生大部分都很活潑且精力旺盛，這很正常，但是由於ADHD相關資訊過多，可能會讓家長感到不安和擔憂。如果將過多資訊代入到孩子身上，任何人都可能被誤判為ADHD。因此，如果實在焦慮不安，找專業機構諮詢吧！但是建議先找班導師諮詢看看。父母的眼中只看得見自己的孩子，但老師同時觀察許多學生，看法會更加客觀。

◎提高孩子注意力的方法

一般來說專注力高的孩子在學習方面也會表現優異。當然，良好的專注力可以提升學習效率，但是從長遠來看，對學習影響更大的是注意力。因為對於國小生來說，注意力下降會直接影響他們的行為，而這些行為將反過來對學習造成更大的影響。為了提高孩子的注意力，我們能做些什麼呢？

①給予簡單明瞭的指示

如果注意力不足，孩子便無法好好傾聽別人說話，也不會與別人對視。這樣的孩子一下子接收到多個指示時，往往會無法理解，所以對於孩子必須完成的任務和行動，要一次只給予一個簡單明瞭的指示更有效果。比如說，「待會先寫完作業，然後去洗澡」這句話，可以改成先說「現在做一頁數學作業吧」，等到孩子完成作業後再指示「洗澡吧」。下達指示後，可以問「剛剛我們決定做什麼呢？」讓孩子回想該做的事並且自己複述一遍，這也是有效的做法。

②營造寧靜的環境

對環境越是敏感的孩子，注意力就越低。所以，不妨逐一減少影響孩子注意力的因素。清除容易吸引孩子目光的東西，減少噪音，另外，最好避免打開電視或播放音樂。

③透過運動培養自我調節能力

運動對提高注意力也有相當大的效果。有意識地移動手腳的運動，有助於培養自我調節能力。最好能幫助孩子規律進行這種類型的運動。

④幫助孩子累積成功經驗

「我試過，結果成功了！」這樣的成功經驗是促使孩子挑戰新事物的重要動力，全新的挑戰和連續的成功經驗則是培養自律性的關鍵力量。為了增加成功經驗，建議先從適合孩子挑戰的簡單程度及較少的學習量開始。也就是說，一定要讓孩子先體驗成功，之後再循序漸進提高難度和學習量。

⑤立即給予獎勵

缺乏注意力的孩子平時也比較散漫，經常得到負面的回應。對於這樣的孩子，我們應該增加正面的回饋。當孩子完成該做的事情時，立即給予積極的回應。有些時候，像是小糖果之類的物質獎勵比較好，有時候只要輕輕地拍拍肩膀就足夠了，有時候則可以使用「你盡力了啊！」之類的稱讚，語氣浮誇一點也沒關係。面對注意力缺失的孩子，不要到最後才一口氣稱讚，每個小小的行動都即時獎勵才更有效。

面對老是拖拖拉拉的孩子，你可以這麼做

家長或許都有這樣的經驗吧？孩子在整個寒暑假期間一拖再拖，直到開學前才趕著寫作業而忙得昏天暗地；或者整天玩耍，直到半夜才偷偷拿出作業趕工；又或者是到了考試前夕才臨時抱佛腳，挑燈夜戰。明明都是必須做的事情，為什麼我們總是拖延呢？是因為天生懶惰嗎？當然，懶惰可能是原因之一，但還有比這更大的原因。

①完美主義作祟

當孩子因為想要做得好而陷入強迫症，一直拖延的時候，可以這樣說：

「不用花太多時間思考和計畫。不完美也沒關係。比起精緻的計畫表，更重要的是開始行動，哪怕只是一個小動作也先做再說。打開日記本，寫上標題，這樣就開始了。」

②過分的樂觀主義

通常需要花一個小時完成的作業，孩子卻相信自己能在十分鐘內完成，因此制訂了不切實際的計畫。在這種情況下，可以提前對孩子說：

「你上次寫日記花了一個小時呢！這次要從幾點開始，才能在吃晚飯前寫完？」

③喜歡享受最後期限的壓力

有些孩子聲稱只有在最後期限逼近的時候才能發揮專注力。雖然不知道專注力是否真的能提高，但是拖延的事實不會改變。為了避免孩子藉故拖延，可以這樣說：

「我們來把需要做的事情列出清單，一件一件寫在便利貼上，貼在容易看到的地方吧！每完成一件就撕掉一條，這樣可以提早做完該做的事情。」

面對看似漫不經心的孩子，你可以這麼做

成熙家裡很安靜。由於考試的日子臨近，家裡不允許發出任何細微的聲響。媽媽把切得整整齊齊的水果裝進盤子裡，送進成熙的房間，就在那一瞬間，媽媽發現了成熙急忙藏到桌子下面的手機。

「崔、成、熙！你後天就要考試了，還有心情看手機？你沒看見全家人為了讓你專心準備考試，都過著死氣沉沉的生活嗎？結果你關在房間裡竟然不讀書，還在玩手機？上次的考試成績你都忘了嗎？唉……我錯了，竟然相信你……！」

成熙啪的一聲生氣地闔上了題庫集，媽媽也砰的一聲關上了房門。

●●●

媽媽對成熙這樣說的用意是什麼呢？當然是要她「去讀書！」。但是，在傳達讀書指令的同時，也透露出對女兒的失望，以及對一直信任女兒並付出關心的自己感到憤怒。成熙媽媽的言行是在管教，還是在嘮叨呢？

◎成熙的心聲

考試期間實在太累了。媽媽每天都對著我唸好幾十次，叫我要補回上次考試考差的分數。我當然也知道啊！但是考試範圍太廣了，我根本不知道要從哪裡開始複習，也不知道該怎麼複習。前半部分根本不在考試範圍內，總覺得讀了只是在浪費時間。可是如果直接跳到後面讀考試範圍的內容又太難了，完全無法理解是什麼意思。剛剛我只是在同學們的LINE群看一下訊息，結果媽媽一看到就對我發火，說她不應該相信我，還那麼大力地甩門出去。就像媽媽對我失望又傷心一樣，我也對這樣的自己感到心寒又生氣。

◎媽媽的心聲

成熙上次考試的成績確實令人震驚，這孩子的頭腦明明不差呀……總覺得這孩子似乎無法集中注意力。儘管如此，我也沒辦法替她讀書，只能要求家裡人保持安靜，再幫她準備一些點心而已。看來我不該在那時打開房門，又對玩手機的女兒大吼大叫，一旦開始嘮叨就停不下來，說話都沒經過大腦，而且還越來越生氣，甚至覺得自己就是吃飽太閒才會幫她削水果。甩上房門出來的那一瞬間，我心裡就後悔得不得了，真想把那句「我錯了，竟然相信你」收回來，但是說出口的話已經無法挽回了。今天可能又只能看著熟睡的女兒，輕輕對她說聲對不起了吧……。

分析家人之間的對話情況，會發現其中包含「關心、接納、認可、愛、幽默、指責、侮辱、嘲諷、打擊、憤怒、主導、鬥爭、悲傷、防禦」等情緒，而這次成熙媽媽對女兒表現出了指責、侮辱、憤怒等情緒，並在事後對此感到後悔。如果她先試著了解孩子遇到什麼困難，或許就會說出完全不一樣的話了。讓我們來回顧一下今天是在對孩子進行管教還是在嘮叨，然後回想自己對孩子說的話裡大多蘊含了什麼樣的情緒。

◎管教三原則

管教有三個原則。第一個原則是「暫停一下」。管教一詞結合了管束的「管」和教養的「教」，蘊含「教導培育品性及道德」之意。

管教是父母判斷孩子的舉止或想法是否符合社會規範，然後進行教導的行為，而不是讓父母發洩情緒用的。即使理性地說話，情緒也可能逐漸高漲，這一點我完全可以理解，所以這種時候需要「暫停一下」。雙方暫時保持一段距離，給自己一些思考的時間。等到情緒冷卻下來後，才能夠理性地進行對話。如果把內心深處的情緒統統發洩出來，清空的位置之後只會填滿後悔和煩惱。雖然目標是管教，但如果想要同時發洩情緒，就先暫停下來吧！

第二個原則是「一併提供替代方案」。父母管教子女，是為了糾正孩子的錯誤。然而，僅僅指出錯誤的行為，並無法導正孩子未來的行為。如果父母發現孩子做錯了，卻只留下一句「不可以」的否定性指令，那麼孩子也只會知道「不可以」，但不知道「可以」的範圍到哪裡。在明確教導孩子不可行的同時，還要一併提供替代方案。

第三個原則是「提示未來行動」。與其威脅說「你再這樣試試，到時候會被訓得更厲害」，不如用「如果再出現同樣的情況，你該怎麼辦？」之類的問題，讓孩子自己設想未來的行動。類似的衝突情況隨時都有可能發生，因此管教的最終原則就是要幫助孩子能自己決定未來的行動。

◎ 摻雜情緒就成了嘮叨

嘮叨是由父母的偏見和習慣造成的情緒表現。管教的第一個原則之所以是「暫停一下」，也是為了控制情緒表達。因此，日本兒童教養專家野口啓示提出了「冷靜後再進行管教」的原則。

父母和子女的關係難以保持足夠客觀，因此在進行管教時真的很難排除情緒。當然，就連我也一樣。對於學校的孩子們，我向來很少破口大罵或者情緒化地進行管教。但是面對自己的孩子，我就會時不時地提高嗓門，管教一瞬間就變成了嘮叨。

◎重複兩次以上就是嘮叨

在進行親師會談時，有些家長會嘆氣說：「我都已經說了十次，但孩子大概只做了一兩次吧？」如果同樣的話重複兩次以上，那就是嘮叨了。許多人都誤以為只要反覆多說幾次，孩子就會改變。然而，這樣只會讓孩子覺得鬼打牆，左耳進右耳出。

◎父母強硬的態度會造成孩子的反彈

無論是嘮叨還是管教，如果認為行不通，父母通常會採取強硬的手段，比如沒收手機、禁止打電動、取消休息時間等。然而，一旦父母採取強硬手段，孩子就會以違規或者鑽漏洞作為反抗。父母在管教、嘮叨或採取強硬手段之前，應該要先了解孩子無法集中注意力的原因。

◎令孩子受挫的嘮叨效果

一個人的行為會受到個人信念或想法的影響。信念或想法在某些刺激下會自發地浮現出來，這種現象被稱為「自動化思考（automatic thoughts）」。自動化思考，顧名思義，就是自動發生的，因此一旦開始思考就難以停止。

負面的語言訊息（如嘮叨）或非語言訊息（如眼神、表情、嘆息聲）會引發自動化思考，而自動化思考可能會演變成負面思考並且陷入固定模式，因此非常危險。一旦產生像是「我本來就不行」、「我沒有什麼專長」、「我本來就很會拖延作業」這類消極的自我認知，可能會形成固定思維，讓人在類似的情境中產生負面想法。

消極的自動化思考會讓孩子更容易受挫和放棄，導致孩子經常把「我這輩子完蛋了」這種話掛在嘴邊。在孩子建立這種消極的自動化思考之前，父母應該停止嘮叨，改用不同的方式跟他們對話。我們需要與孩子建立舒適的對話環境，讓他們敢於向父母傾訴煩惱，並且能在辛苦疲憊時依靠父母。那麼，該如何進行這種輕鬆的交流呢？

◎嘮叨之前需要檢查的兩件事

讓我們換個角度來思考那些說十次只做一兩次的孩子吧！或許他們並不是十次中只做一兩次，而是十次中有八九次需要幫助。

在嘮叨之前，首先要了解孩子的實力。知道孩子正遇到什麼問題後，父母應該對子女說些「感同身受」的話。無論孩子的行為或想法好壞，父母首先都需要產生同理心。否則，看到父母無法認同的表情和言語，孩子很難坦率表達出自己的情感。必須給予孩子表達情感的機會，孩子才能培養出成熟的情感。

我們應該將孩子的行為理解成「孩子並不是故意的」、「孩子也想專心，但很難集中精神」。實際上，我們自己也可能遇到無法集中精神的情況。我們需要找出導致孩子難以專注的原因，比如基礎不夠扎實、難度超出水準，或者孩子不感興趣等。我們曾經也是小孩子，回想一下那個時期的我們，不也有過類似的經歷嗎？

「媽媽小時候也曾經因為無法專心而覺得很辛苦。」「哪個部分讓你覺得困難？媽媽能幫上什麼忙呢？如果媽媽幫不上忙，那麼有誰可以跟你一起討論嗎？」我們應該要像這樣說出表達認同或者有意願幫助的言語。孩子最需要的是父母溫暖的一句話，讓他們感受到父母能理解他們的處境、成為他們的夥伴。當孩子發現父母是站在自己這邊、願意提供援助時，便能得到安慰和鼓勵。

◎孩子們只會記得暴力

有一次，我帶著一年級的學生們學習《安全生活》中的「暴力」這一課。我們一起看了一篇報導，內容是關於家庭暴力在我們看不見的地方頻繁發生。這時，有一位學生說：「我也被爸爸打過。」結果陸續有其他學生表示「我昨天也罰站了」、「我大班的時候，媽媽總是跟我說，如果我再不聽話，她就要把我丟到樓下」、「我什麼都沒做就被罵了」，我並沒有要求學生發言，這些舉報性的發言就接連而來。說出這些話的孩子們，聲音中分別流露出不同程度的傷心和委屈。

遺憾的是，大多數孩子只記得當時被打罵的事實和情緒，不記得為什麼被打罵。父母可能認為自己是為了讓孩子變得積極而進行管教，但實際上改變的並不是孩子的行為，而是父母和子女之間的感情。

無論是打罵、懲罰，或是「你再這樣我就把你丟掉！」這樣的威脅都不是管教，而是暴力。無論是肢體暴力還是精神暴力，任何形式的暴力都是不應當的。或許有些人會說「想要把孩子教好，就不得不懲罰孩子」，但我們要好好想一想，這種做法究竟是為了把孩子教好，還是為了圖自己省事。

◎要用條件驅策孩子行動時，以提議的方式表達

父母對子女付出的愛近乎盲目，不帶任何條件。儘管如此，在管教孩子的過程中，有時也需要設定一些條件。有條件的行動雖然不是好事，但也並非全都是壞事，只是在提出條件的時候應該要有智慧地表達，也就是採用「提議」的說話方式。即使是同樣的意思，說法不一樣，也會讓人產生不同的感覺。雖然不附加條件比較理想，但是遇到不得不提出條件的情況時，建議使用肯定的表達方式。

	條件（如果～）	行動（就～）
否定式說法	如果不寫作業	就去不了遊樂園了
肯定式說法	寫完作業後	就一起去遊樂場吧

面對缺乏意志力的孩子，你可以這麼做

有一次，我的學生周成睏得實在支撐不住，直接仰頭就睡，幾乎要從椅子上摔下去。幸好椅子沒有完全倒下來，他睜著充滿血絲的眼睛環顧四周。同學們瞥了一眼周成，似乎不覺得有什麼大不了的，隨即又專心致志地聽課。周成確認沒有人注意他之後，就明目張膽地趴著睡覺。

周成是個沉迷於電玩遊戲的六年級孩子。在父母已經入睡的深夜，周成會打開電腦，整夜打電玩，直到清晨時分才小睡一會兒，然後匆匆忙忙地上學，在學校補眠。

「老師，周成的《突擊風暴》等級真的很高」、「周成在網路上真的很有名」，當同學們如此對我說明時，我發現，聽到這些話的周成肩膀微微聳動了一下。放學後，我和周成一起在校園裡散步聊天。「老師，我的夢想是成為電玩主播。我還收集了一些戰鬥通行證，如果不繼續管理，遊戲等級也會跟著下降。」周成在上課時也掛念著電玩，腦中一直浮現遊戲的背景音樂。

「老師對電玩遊戲不太了解，不過老師完全理解你的心情。可是，周成你的年紀這麼小，還需要培養一些東西，老師擔心你打電玩打得太沉迷，會不會錯過更重要的東西。」

●●●

多虧了和周成一起進行長時間的交談，我才知道周成為什麼這段時間在學校上課時那麼不認真，言行粗魯，還被貼上壞學生的標籤。不久後，我和周成的母親進行了溝通。周成的母親說，周成是她珍貴的孩子，只要是兒子想要的東西，她都會滿足他。她也知道，入夜後家人都熟睡時，周成會再次打開電腦。

後來，周成在學校接受了網路遊戲成癮測試，結果顯示為陽性。成癮是一種難以用自我意志控制的狀態。這不是單靠父母管教就能解決的問題，還需要得到專家的幫助，進行適當的治療。

幸好周成和父母都同意與專業機構合作進行相關治療。周成透過成癮治療練習了很長一段時間來克制欲望。不知從何時起，曾經總是有氣無力的周成開始煥發生機。雖然他仍然夢想能成為一名電玩主播，但他已經培養出「延遲滿足」的能力，能透過自己的意志克制欲望了。

◎如何引導孩子戰勝誘惑？

「老師回來後，我們就可以吃棉花糖。如果你現在想吃棉花糖，就敲響桌子上的鐘，這樣老師就會回來。但如果你不敲鐘，一直等到老師回來，就會給你兩顆棉花糖。」

●●●

這就是著名的棉花糖實驗。美國心理學家沃爾特・米歇爾（Walter Mischel）對參與該實驗的孩子進行了後續追蹤，並分析了他們等待吃棉花糖的時間與學業成績之間的關聯性。結果顯示，等待十五分鐘的孩子，他們的SAT（美國大學入學考試）分數比在三十秒內敲鐘的孩子高出二百一十分。甚至在成年後，他們的身體質量指數（Body Mass Index, BMI）也較低，還有體重也更輕。研究人員將此命名為「延遲滿足」。

延遲滿足能力（delay of gratification）是指為了獲得更大的成就感，能夠推遲當前之滿足的能力。這與因為不可控制的情況（擔心會被罵、擔心會挨打）而不得不忍耐的狀況不同。延遲滿足能力完全是憑藉自己的意志來克制當前的欲望。按時完成作業而不是拖到最後才做，還有在完成作業之前不玩遊戲，這些也是延遲滿足能力的體現。

如果想要在教室裡和學生們度過多采多姿的時間，重要的是要建立獎勵體系。我根據不同的年級使用一套名為「讚美存摺」的獎勵體系。讚美存摺活動是將課堂參與度、發言、小組活動、成果、寫作、作業完成度、擔任小老師、整理書桌、言行舉止、交友關係、準備物品、飲食是否均衡等多個方面記錄在存摺上，並且累積分數的活動。

孩子們可以用讚美積分來兌換優惠券。在優惠券中，像零食（糖果或軟糖類）兌換券等一次性優惠券可以用較少的積分兌換，而像搭檔選擇券之類的優惠券則需要累積較多的分數才能兌換。有些孩子滿足於用少量積分換取糖果，但也有些孩子為了累積多一點的分數，選擇閉著雙眼忍住不去看那酸酸甜甜、口感又好的軟糖。

• • •

「俊賢，你這幾個禮拜怎麼都沒有領優惠券？你得了多少分？讓我們看看你的讚美存摺。」捱不住同學們的糾纏，俊賢向大家展示了自己的讚美存摺。

「哇，太厲害了！大家快來看，俊賢已經超過五百分了。」

五百分是需要兩個月左右的時間，每天不間斷地完成任務才能達到的分數。

「俊賢，你累積這些分數打算要做什麼？是要買一間房子嗎？還是你要……？」

後來，五年級的俊賢用累積了將近兩個月的讚美積分兌換了一張「班級自由時間一小時券」。雖然是一次性獎勵，但這張優惠券可以和班上三十名同學共享。或許正因為如此，俊賢感到非常自豪，彷彿得到了三十張優惠券一樣，而同學們也為他熱烈歡呼。對我而言，要調整課表和上課時數有點麻煩，但與俊賢和學生們的喜悅相比，這些麻煩根本不值一提。

• • •

俊賢的學業成績並不是特別優秀，但他勤奮好學，很積極地參與學校生活。他曾經擔任班級幹部，付出了許多努力，也得到很多同學的認可。如今，他已經成長茁壯，即將迎接大學入學考試。我相信俊賢將來無論上哪所大學、從事什麼工作，都會做得很好。這並非毫無根據的信任，而是因為我親眼見過當年那名十二歲的小少年戰勝眼前誘惑的毅力，那是相當難能可貴的。

◎培養延遲滿足能力的三階段對話法

延遲滿足能力是藉由後天學習養成的習慣，因此需要長時間的訓練。期間父母的角色非常重要。

①第一階段：解讀內心

以孩子的角度去理解其行為。

「這款電玩遊戲看起來很有趣呢！你常常玩得停不下來吧？」

②第二階段：制訂規則同時解釋原因

如果制訂了規則或有所約定，就要一併解釋原因。

規定「超過規定時間打電動是不合適的。」

理由「現在是你的身心茁壯成長的時期，尤其是大腦的適應能力非常強。如果在這個時期打電動打得太久，你的大腦就會適應電動，腦神經細胞會發生改變。如果這樣下去，你可能會變得很難控制自己的心。為了不讓這種情況發生，每天打電動不要超過一個小時比較好。我們一起努力吧！還有，我們來設定一下你打電動的區域，電動只在客廳玩，不要在房間裡玩喔！這樣會更容易遵守約定。如果你覺得自己很難控制，隨時都可以告訴我。當我們感覺大腦受到幸福行為的干擾時，就很難用自己的力量控制。讓我們一起努力，不要被大腦的命令給騙了。」

③第三階段：提供替代方案

這是需要父母積極幫助的階段。孩子可能是因為除了電玩之外不知道還有其他有趣的事情，所以才沉迷於電玩。父母應該提供替代方案，讓孩子能夠享受健康的休閒活動。可以帶著孩子嘗試幾種體驗，幫助孩子將注意力轉移到他們能夠感受到樂趣的活動上，像是一些激發勝負欲的體育活動或者怡情養性的樂器演奏，都是不錯的選擇。

「要一起玩桌遊嗎？或者出去打羽毛球也不錯。」

「看看那個人打鼓的樣子，你不覺得很帥嗎？要不要學打鼓？」

◎停止行動的方法

想要讓孩子停止行動，就要幫助孩子將注意力轉移到其他行為上。大家可能都有這樣的經驗吧？就是聽到「不要打電動了，不要再看 YouTube 了，不可以吃甜食」這類的說法後，反而更想去做了。往往越想停止做某件事，就越想去做，人類的心理就是這樣。到底為什麼會這樣呢？

哈佛大學心理學教授丹尼爾・韋格納（Daniel Wegner）進行了一項實驗，將大學生分為兩組，研究壓抑思維會對我們造成什麼影響。研究人員對A組說：「請在五分鐘內說出你腦海中浮現的單字，但不要想像白熊！」對B組則說：「請在五分鐘內說出你腦海中能想到的單字，想到白熊也可以！」並要求兩組每次想起白熊時都要按鈴。結果發現，被告知不要想像白熊的A組按鈴的次數更為頻繁。越是抑制想法，越會浮現那個想法，這種現象就稱為「白熊效應（white bear effect）」。

如果不希望引發「白熊效應」，那麼，對於孩子們更想去做的打電動或者看YouTube等行為，又該如何制止呢？第一種方法是讓孩子想起其他東西。例如，不要說「別再打電動了！」，而是說「想打電動時，就去玩樂高吧！」如此讓孩子想起樂高，而不是電動。

第二種方法是像「先吃飯再想吧」一樣延後行動或思考，暫時抑制當下的欲望。就像這樣，在培養延遲滿足能力時，與其絕對禁止，不如提供替代方案或延後思考，將會更有助於克制欲望。

未來學家們表示，如果說目前線上生活和線下生活的比例是二〇%比八〇%，那麼未來線上生活比重將會增加到八〇%。我們每一次無意識的點擊網站資訊，正在匯集成「資料探勘」（Data Mining）用的龐大數據庫，並且生成演算法。而這些生成的演算法會繼續把與我們興趣相關的誘惑傳送到我們眼前，讓我們的生活中充斥著想要立刻點擊的刺激性內容。可以預見的是，在這種情況下，往後的孩子們將會比現在更加搖擺不定。

然而，也不能因此就要求孩子們完全不使用手機和電腦。因為很難忽視網路、YouTube、電玩遊戲等新事物帶來的變化，而且也必須適應這些變化。隨著時代變遷，吸引孩子們的誘惑從棉花糖轉變成了數位技術。現在的孩子們需要的是自我控制的能力，為了不浪費時間點擊那些馬上想要碰的電玩遊戲和刺激性的影片，我們需要培養出對抗誘惑的自制能力，不被那些比我們自己更了解自己的演算法所擺布。

●●●

◎為什麼不能只停留在解讀內心的階段

在秋風涼爽的十月某一天，社區中一處安靜的小公園裡，有一個看起來大約五六歲的孩子和媽媽一起出來散步。孩子用充滿好奇的眼神看著公園裡種植的小巧植物。那時正是菊花盛開的季節，白色、黃色、紫色的菊花展現出樸素卻又端莊的姿態。

孩子可能覺得花兒很漂亮，所以站在那裡看了好一會兒。看到那孩子專注的樣子，就連我也無法移開視線。然而，那孩子突然開始摘菊花，一朵、二朵、三朵……孩子的手經過的地方只剩下被殘忍斷頭的菊花莖，而那孩子變成了摧毀菊花園的禍首。但那孩子的媽媽並沒有上前勸阻，反而看起來鎮定自若。

「兒子啊，你是因為花兒太漂亮了，所以才摘花的吧？」

「嗯，我要把這些都摘下來帶回家！」

「我兒子真的很喜歡花呢！」

「這朵不好看，所以我要摘下來扔掉。那朵好看，我要放在口袋裡。」

在那孩子和媽媽停留過的地方，再也沒有盛開的菊花。看上去彷彿秋天散落了一地。

● ● ●

社區裡盛開的菊花並不是那孩子的。不，即使是那孩子親手栽培的菊花，也不應該如此無情地對待。然而，孩子的媽媽明明知道這一點，卻沒有制止這種行為。像這樣一味尊重孩子情緒和意願的態度，真的值得嘉許嗎？

那孩子的媽媽充分讀懂了孩子的心。但是，她在接下來需要進行的適當控制、解釋原因、提供替代方案方面卻失敗了。如果只停留在解讀內心的階段，孩子就無法充分學習到允許和禁止的標準，因此不能稱得上是管教。

每個孩子都能培養與自身年齡相符的自我控制能力。顧名思義，自我控制能力就是能夠控制和調節自己身體和情緒的能力。自我控制能力是自律性的基礎，因此在進行後天教育時必須加以培養。一個人對社會規範的理解會在二至三歲時大幅發展，到了五歲就會充分內化。將所有的欲望都付諸行動並不可取，必須讓孩子們在適當的時期學會適應規範。

解讀內心→適當控制→解釋原因→提供替代方案

雖然不應該隨口就說「不可以」，但如果孩子的行為確實不可取，就要堅決地告訴孩子不可以，並且解釋原因。如果不明確設定允許和禁止的標準，孩子將會越來越難控制他們的行動範圍。尤其是在同樣的情況下，有時允許，有時禁止，會讓孩子感到更加困惑。如果父母反覆表現出這種不一致的態度，孩子就無法學會自我控制。

「原來我們家研宇喜歡菊花啊！（解讀內心）」

「但是不可以摘花喔！（適當控制）」

「如果折斷菊花，菊花就會失去生命，也就是說它會死掉。如果這朵花死了，我們就要再等一年才能再看到花了。（解釋原因）」

「我們就輕輕地摸一下，謝謝它開出漂亮的花給我們看，好不好？這樣明天就能再看到這些菊花了。我們一起來說：『菊花啊，謝謝你努力開出這麼漂亮的花，辛苦了。我們明天再見吧！』（提供替代方案）」

比起任由孩子因為無法克制想要擁有的欲望而隨手摘花，讓我們來幫助孩子成長，學會期待明天與美麗花朵的再次相遇吧！

◎強制「不可以」的必要時刻

隨著自尊心越發受到重視，到處都能看見有些父母為了增強子女的自尊心而不遺餘力地給予讚美。在這種氛圍下，「不可以」自然而然地被認為是禁忌語，因為這些父母擔心與子女之間的依附關係會出現問題，或者會傷害到孩子的自尊心。

當然，過度控制會對孩子造成負面影響，但是過度寬容也會給孩子帶來負面影響。有時，堅決的「不可以」也能起到幫助孩子控制自我行為和情緒的作用。不必提早擔心孩子會變得畏縮，反而應該擔心孩子太不受控，誰講都不聽。

「隨時允許的環境」是一個沒有理由忍耐和等待的「無條件的環境」，這意味著很難培養自我控制的能力。對於暴力、危險行為、造成別人困擾等違反社會秩序的行為，我們應該提出相對嚴格的原則。

①幼兒至國小低年級

從幼兒時期到國小低年級時期，我們應該對這個年齡段的孩子傳授普遍但相對嚴格的規則，並且幫助他們親身體驗這些規則。

「絕對不可以打人。」
「在餐廳裡亂跑會影響到別人。」
「不可以隨便碰別人的東西。」
「出門回家後要先把手洗乾淨。」

②國小中高年級

對於國小中高年級的孩子，需要跟他們共同對話和協商，而不僅僅是告訴他們普遍的規則。透過對話，會讓孩子感受到自己被父母認可，鼓勵他們遵循自己制訂的規則，而且是自願遵守這些規則。

「你覺得星期幾打電動最好呢？」
「我們來定一下遊戲時間吧？一個星期玩幾個小時比較合適呢？」
「和同學聯絡的時候，除了用手機在班級群組聊之外，有沒有更好的方式？」

●●●

面對蠻橫耍賴的孩子，你可以這麼做

二年級的藝聲正在好久沒去的朋友家裡玩得很開心。

「藝聲啊，現在該回家了。下次再來玩吧！」

「這麼快就走了？不要，不要！我要再玩一下。」

孩子想要繼續玩而耍賴不肯走，媽媽則拉著孩子的手說現在就要回家。今天又要上演一場拉扯戰爭了。

●●●

雖然每個孩子都有程度上的差異，但這種情景卻是相當自然而常見。聽到媽媽說「不要玩了，回家吧」，很少有孩子會說「好，我知道了」，然後像是早已等著回家一樣站出來。父母們可能會因為是在外面而不是在自己家裡，礙於別人的目光無法大聲說話，控制不了孩子，在孩子的玩伴面前變得更加尷尬。演變到這種程度時，我們可能會暗自心想：「回家後再修理你！」

◎制訂規則來培養自我控制能力

難道沒有辦法愉快地結束一段外出活動嗎？只能把原因歸咎於自我控制能力不足的孩子身上嗎？如果孩子會在朋友家耍賴，或者在超市裡看到什麼都吵著要買買買，那麼外出前應該要事先制訂規則，讓孩子知道他們該遵守的允許和限制範圍。

「我要玩到七點。」

「你們一起玩的時候要互相照顧喔！還有，我們先說好，時間晚了就得回家，以免到時候吵起來。」

「在超市只能買一個需要的東西。」

要告訴孩子規則，並且得到他們的承諾。也就是說，對於孩子蠻橫耍賴的行為，可以讓他們自己思考並調整。口頭上說明規則固然好，但是若能用文字寫下來，將規則視覺化會更有效。如果只有一個規則，可以簡單地口頭說明讓他們理解，但是有兩個以上的規則時，孩子就很難記住，而且更難實踐。這時，就將規則寫下來給孩子看吧！如果想要獲得更強的效果，可以讓他們自己閱讀那些書寫下來的規則，甚至簽名以示承諾。

「現在離回家還有十分鐘。」

「再過五分鐘後就要回家了，我們整理一下吧！」
「我們現在回家吧！」
「我們出門前制訂了什麼規則呢？」

定時告知時間或者時不時提醒規則，會讓孩子更容易控制情緒。如果孩子只是依依不捨，並沒有太過分地耍賴時，不要理所當然地認為「孩子都已經長這麼大了，當然會懂事一點」，然後什麼表示都沒有，而是應該大大稱讚一下孩子遵守規則的表現。至於孩子未能遵守的部分就沒必要提及。雖然還不完美，但是就讓我們稱讚孩子好好遵守的部分，幫助孩子逐漸培養自我控制的能力吧！

面對沒有志向的孩子，你可以這麼做

國小也有職業興趣探索課程，會根據學生的年級，進行認識多種職業群體、規劃未來以及發表將來志願的活動等。在進行這類課程的時候，我們會問學生們長大後想要做什麼，想從事什麼工作。有些孩子會因為想做的事情太多而難以表達，但也有相當多的孩子會不冷不熱地回應：「我沒有想做的事。」

尋找將來想做的職業或者想嘗試的事情，對某些孩子來說可能不是一件容易的事。孩子們會根據自己的經驗想像未來的樣子，但他們還只是小孩子，缺乏豐富多樣的生活經驗。即使父母盡其所能地想要展示或讓孩子體驗所有的生活樣貌，能做的也很有限。找出未來的夢想和目標終究是孩子的份內之事。

目標就像指引人生方向的引路人。有了目標，對未來的茫然感就會減少，即使困難重重，也會產生堅持到底的力量和自律性。那麼，有沒有什麼辦法能夠幫助這些沒有志向的孩子呢？如果孩子說自己沒有想做的事情，父母就需要積極介入。

積極介入並不是要父母傳授什麼了不起的經驗，也不是要父母四處尋找生涯規劃機構，讓孩子接受性格、適應性、職業測試並描繪人生藍圖，更不是要父母強力干涉並決定孩子未來的出路。積極介入的意思是，多增加對話的時間，並以未來出路為主題進行交談。

◎進行自我探索的對話

孩子之所以不能立即回答自己的志向和目標，是因為不夠了解自己。當然，對於「長大後想要做什麼？」的遙遠問題可能不容易回答，但是對於「想要什麼？」的提問，每個人都能夠回答。或許會因為想要的東西太多，猶豫不決該選哪一個，但是回答起來不算困難。比起提出抽象又籠統的問題，提問時先從小事情開始引導吧！這樣能幫助孩子更清晰地自我覺察。

①觀察孩子細微的行為

了解自己的過程始於對微小事情的關注。孩子的潛力和興趣會透過細微的行為表現出來。父母需要仔細觀察他們喜歡的遊戲或書籍類型，以及他們展現專注力的活動有哪些。

②積極描述孩子的新面貌

孩子喜歡什麼、擅長什麼，儘管父母能看見，孩子卻可能不自知。當父母簡單地講述自己發現的孩子面貌時，孩子就可以回顧他們自己沒有意識到的方面。需要注意的是，這時不要針對觀察到的事實進行評價。

例如，對於寫好讀書心得的孩子，可以說：「你寫讀書心得的時候很專心欸！只花短短的時間就寫了滿滿一頁，好厲害！」對於能向媽媽說明學習內容的孩子，可以說：「你解釋得簡單明瞭，讓我理解起來很輕鬆呢！」

③提出具體問題而非抽象問題

「你想做什麼？」、「你想當什麼？」這樣的問題多少有點抽象。可以讓孩子回想一下日常生活中的自己，然後提出他們能具體回答的問題。

「你喜歡什麼類型的書呢？是偉人傳記、自然科學，還是童話故事？」
「你最期待上什麼課？國語、數學還是音樂？」
「如果只有一個小時的自由時間，你想做什麼呢？」

將注意力放在自己身上時，就能具體描繪出原本模糊的「自我」樣貌。像這樣逐漸把喜歡做的事情、感興趣的事情以及擅長的事情具體化，制訂未來的夢想和目標就會變得更容易。所以，試著傾聽孩子的心聲吧！

④問「喜歡什麼？」而不是「你擅長什麼？」

如果有人問「你擅長什麼？」你能馬上回答嗎？我可能會猶豫半天也無法自信回答。就連身為大人的我都這樣了，更何況是孩子們呢？

但是，如果問「你喜歡什麼？」你會有什麼感覺？或許會比較容易說出「我喜歡種花、我喜歡喝咖啡、我喜歡看電視、我喜歡看書、我喜歡整理」之類的回答吧？

孩子們也一樣。被問到「你擅長什麼？」這樣直接的問題時，可能會因為過於謙虛，而回答「我沒什麼擅長的事」或「我不太清楚」。但是對於「你喜歡什麼？」這個問題，人們會自然產生各式各樣的回答，例如喜歡的遊戲、活動、電影等。

如果能將擅長的事情作為職業，工作效率就會提高。但是，當我們期望孩子度過什麼樣的生活時，興趣愛好的價值就又另當別論了。我希望孩子能過得幸福，而「成為一個對社會有用的人」並不是幸福的必要條件。人在做自己喜歡的事情時，才能夠投入並充滿熱情。我們有多看重孩子的專長，也應該同樣看重孩子的喜好。

◎透過對話探索多樣生活面貌

如果認識十個職業，就只能在這些職業範圍內夢想未來，因為我們只能想像我們所知的事物，這就是職涯規畫的本質。然而，無論再怎麼展示或讓孩子體驗所有具有潛力的職業，都還是很有限。雖然親自體驗各種生活面貌是最好的，但實際上不可能做到。不過，我們可以透過討論生涯規畫，間接地向孩子展示我們周遭的多種職業群體。拓寬孩子們的視野，讓他們看見有別於瑣碎日常的其他面向吧！

我們可以帶著孩子一起回想購買軟糖的日常消費經驗，想像我們看不見的生產者或銷售者的形象，用開放和延伸的方式探討相關職業，藉此提升對話的品質。在從軟糖延伸出來的各種角色中，孩子或許最喜歡「購買軟糖的人」，也就是消費者的角色，這樣也沒關係。探討職業的目的並不是要孩子從中選擇一個職業，而是要讓他們知道，就連一顆軟糖也牽涉到很多職業。

●●●

有一次，小女兒藝琳放學回來後，立刻從書包裡拿出軟糖，挺起胸膛說這是班導師給的。老師給的軟糖似乎比平時吃的軟糖還要甜，藝琳把一顆放進嘴裡，咀嚼了好久。

「媽媽，軟糖是怎麼做出來的，為什麼這麼好吃呢？」

「嗯……這個嘛……媽媽以前只買過軟糖，但不知道是誰做的，也不知道是怎麼製作出來送到我們手中的欸！」

「應該是很厲害的廚師做的吧？」

「嗯……廚師只是製作軟糖，軟糖不會自己跑進藝琳的嘴巴裡，對吧？會不會是有人研發好吃的

▼從軟糖開始隨意延伸的職業探索▲

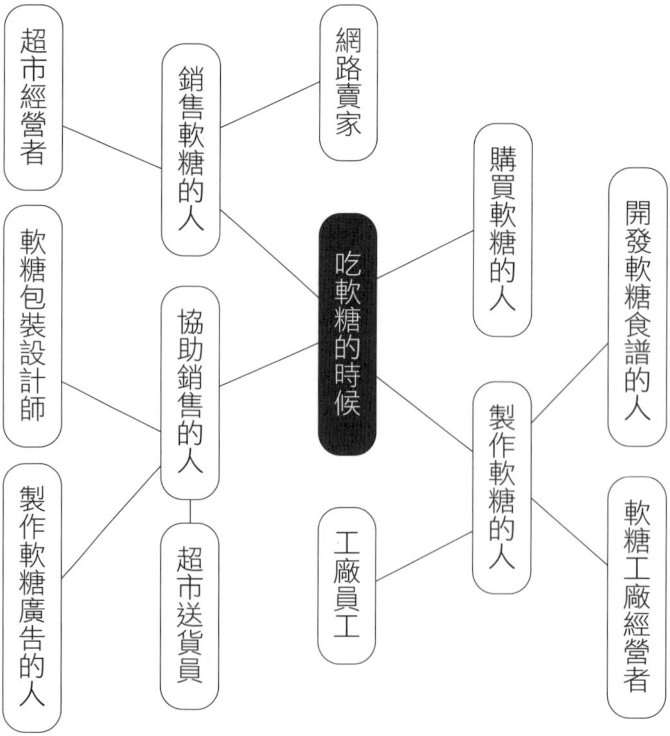

軟糖，有人按照食譜製作軟糖，有人經營軟糖工廠呢？」

「媽媽，還要製作裝軟糖的袋子。而且我覺得應該有人把軟糖袋子裝飾得漂漂亮亮的。還要有人賣軟糖，像是超市的老闆。」

「另外，還有人在網路上賣軟糖。可是，軟糖是自己從工廠走到超市的嗎？」

「應該也有人負責運送軟糖吧！」

「為了吸引更多的人買軟糖，也要有人製作軟糖廣告吧？」

「原來一顆軟糖就牽涉到這麼多的職業啊！不過我還是覺得買軟糖吃的人最幸福了。嘿嘿！」

●●●

◎透過對話引導孩子想像二十歲、三十歲、四十歲的自己

其實，我小時候的夢想並不是當老師。每當聽到有人說老師是女性職業中的首選，我

就會說除了當老師之外什麼都好。我說我想成為作家時，周圍的大人們都搖頭表示當作家很容易餓死；我說我想要當廣告企劃，大家就說成為著名廣告企劃之路有多麼多麼難走。後來我說想做廣播企劃，他們又建議我找一份更穩定的職業。一次次與既有條件妥協的結果，終究只能當老師。還記得在志願表上填入教育大學的那天，我哭得一發不可收拾。如今那已經成為遙遠的回憶了。

最終，我成為了一名老師，但是教育孩子的工作比我所想像的更適合。而且我現在不僅是一名教師，同時還是一名作家，另外也從事廣播工作。我正在以緩慢的步調逐一實現我夢想中的生活。之所以能做自己夢寐以求的事情，是因為我一直想像著未來的樣子，沒有停止追夢。

家長可以帶著孩子一起想像，年輕有活力的二十多歲、積極進取的三十多歲、穩定下來的四十多歲的自己。分享媽媽、爸爸或親戚過往的生活經歷也不錯，把自己代入到想要成為某人的形象去想像也很棒，了解他們的生活軌跡，對於想像未來很有幫助。

有了夢想之後，應該要伴隨著具體的實踐，而首先要做的是規劃未來的面貌。讓我們來告訴孩子，夢想幸福的未來是他們的特權。

◎目標要伴隨著計畫才能變為現實

人生目標或未來希望等「最高目標」，能讓人明確描繪出生活的方向。當然，最高目標可能會有些抽象，因此最好同時制訂「次級目標」和「詳細計畫」。次級目標是在終極目標之間充當橋梁的角色。而為了跨越這座橋梁，我們需要制訂詳細的計畫，才能憑藉著自律性一步一步地前進。

次級目標應該與最高目標有高度關聯性，並以最高目標作為頂點。舉例來說，如果「成為醫生」是最高目標，那麼可以在「考上醫學大學」的目標之下，列出「提高數學分數十分、挑戰托福考試」等次級目標。然後擬定提高成績的詳細計畫，如「整理數學錯題本、做兩頁數學題庫、每天背十個英文單字」等。

最高目標（未來導向）	成為醫生（考上醫學大學）	
次級目標（未來導向）	數學分數提高十分	挑戰托福考試

詳細計畫（現實導向）	整理數學錯題本 做兩頁題庫	每天背十個英文單字、聽英語線上路課程、參加托福模擬考試

面對容易放棄的孩子，你可以這麼做

三年級的宰鉉總是把「我不做了」和「我做不到」掛在嘴邊。如果是要跳一百下跳繩，他跳了十下左右就會說「我不跳了」，然後癱坐在地上。每天背十個英文單字的時候也差不多，開始背了一兩個單字後，很快就不耐煩了。宰鉉的媽媽訴苦說，已經不指望他有什麼自律性，只希望他至少能做到別人的一半就好。

●●●

三年級左右的孩子跳繩跳一百下已經不成問題，但是自家孩子在被繩子纏住之前就放棄了；在英文補習班裡，別的孩子都能輕鬆記住十個英文單字，但是自家孩子只背一兩個就喊累，覺得很難背而想要放棄，真是令人嘆氣。對於比別人都容易放棄的宰鉉，該怎麼培養他的自律性呢？

我們可以從宰鉉媽媽的身上找到答案。她希望孩子至少能跟上別人的一半，那麼，只要把目標設定在完成別人所做的一半就可以了。宰鉉需要的是可以自我控制的適度挑戰任務。孩子一旦感受到任務超出自己的能力範圍，就容易裹足不前。

◎提出任務時需要注意的地方

父母提出任務時，應注意以下三點。

①不要高估孩子的能力

任務的難度和數量應該根據孩子的視角來定。「這種程度應該可以吧」中的「這種程度」是什麼程度呢？並不是在父母看來還可以的程度，而是在孩子看來適當的程度。如果太高估孩子，將會導致孩子選擇放棄。尤其是對於像宰鉉一樣容易放棄的孩子，我們設定的任務難度和數量應該要比他們的能力稍低一些。先讓他們成功，之後再增加難度。

②不要受到周圍氣氛的影響

「到了國小二年級左右，就要熟讀ＡＢＣ和簡單的對話」、「國小三年級的學生應該要能夠閱讀英文繪本。」在家長群組中，存在著「這個時期就應該如何」的公式，如果低於這個標準，家長就會對孩子進行嚴苛的評價。看到這樣的訊息時，會覺得好像要立刻去確認自家孩子的英文程度，或者好像應該要去買相關的讀物。

即使是佛系育兒的家長，也可能會被那些對自家孩子說三道四的留言所動搖。然而，無論有再多的人提出他們的看法，說得有憑有據，標準仍應該根據自己的孩子而定，不要被別人家孩子的標準所影響。

③即使孩子進步緩慢也要滿足

如果希望自己的孩子只要能跟上別人的一半就好，那麼就不要期待孩子發生一百八十度的大轉變。顯著的變化不會在短期內出現，這並不現實。所謂「現實的」變化，是指從現在的狀態向前邁進半步，經過一段時間後再次前進半步這種漸進式的變化。雖然有些緩慢，但只要有一點變化，就毫不吝嗇地給予孩子熱烈的掌聲吧！

◎從難度低的任務開始，逐步提高

對於每天背三個英文單字就愛背不背的孩子，或者跳繩跳十下就氣喘吁吁、跑去做其他事情的孩子，要求他們背十個單字或者跳繩跳一百下，無異於是要一個人在沒有助跑踏板的情況下跳馬。

如果目標高於孩子的自身能力，父母不該催促孩子，而是應該修改目標。讓孩子能夠朝向目標邁開步伐助跑，然後借助踏板奮力一跳，如此循序漸進才能投入活動，避免反覆放棄。如果一再放棄成了習慣，孩子就會變得垂頭喪氣，垂頭喪氣則有礙於培養自律性。

面對只會妄想的孩子，你可以這麼做

我的大女兒個子偏矮，而小女兒個子偏高。雖然她們只相差兩歲，但是身高差異與年齡卻不成正比。一起外出時，經常被問：「哇，她們是雙胞胎嗎？還是同一年出生的？」

由於總是被拿來跟妹妹比較，大女兒對身高非常敏感。

每當新學年開始，大女兒一定會數一數新班級裡比她矮的同學有多少。每年她都會在年度目標中寫上「長高七公分」，從這一點來看，身高肯定造成了她的自卑情結。但是，把目標用大字寫在日記本上，想像自己迅速長高的模樣，真的就能長到理想身高嗎？

有些勵志書籍會說，如果強烈地想像自己期盼的事情，目標就會像魔法一樣實現。甚至有些書籍會提供具體的方針，例如只要將目標抄寫一百次就會實現。然而，考上理想的學校、實現未來的希望、在考核中獲得好成績，這些目標真的能藉由反覆想像如願以償嗎？

積極展望未來可以激發孩子的動力，但「只要強烈希望就能實現」這種無條件的樂觀主義反而可能會使孩子陷入絕望的深淵。一個人如果原本非常期待、滿懷希望，後來卻沒有得到想要的結果，就容易感到絕望而輕易放棄。孩子也不例外。

◎幸福的想像僅止於想像

紐約大學心理學教授歐廷珍（Gabriele Oettingen）發表了一項研究結果，指出越是陷入對就業成功想像的學生，求職率反而越低，薪水也越少。加州大學心理學教授雪莉・泰勒（Shelley Taylor）對學生們進行了實驗，要求他們想像自己在期中考試中獲得高分，並追蹤他們的成績。結果顯示，被高分想像所束縛的學生分數不但沒有上升，反而下降了。

歐廷珍將其稱為「樂觀幻想」（positive fantasizing）。如果只是想像樂觀的未來，卻不將實現目標的具體計畫以及障礙納入考量，想像中的未來就永遠不會到來。

◎計畫與目標一樣重要

紐約大學心理學教授彼得・戈爾維策（Peter Gollwitzer）和蘇黎世大學心理學教授薇羅妮卡・布蘭德施泰特（Veronika Brandstätter）也針對具體計畫的重要性，發表了一項研究結果。實驗將大學生分成兩組，研究他們在即將到來的聖誕假期前實現目標的情況。

A組簡單寫下假期期間要做什麼，B組則具體寫下假期期間該做的事，以及要在何時、何地、如何執行。只寫下目標的A組學生後來只有二十三%實現了目標。相反地，具體制訂詳細計畫的B組學生中有八十二%達成了目標。

◎要一併構思克服障礙的計畫

如果不想讓「長高七公分」的目標止步於幸福的想像，應該在目標下面寫上具體的計畫，同時還要考量到可能妨礙計畫的障礙。

實現目標＝具體計畫＋克服障礙的計畫

我說：「藝雪，你可以說說你打算怎麼按照你寫的目標長高嗎？只要在日記本上多寫幾行就可以了。」後來，我偷偷瞄了一眼大女兒的日記本，發現她在「長高七公分」下面寫著詳細的計畫和障礙。當然，由於身高受遺傳的影響很大，即使努力也有可能不會長到自己想要的高度。但誰知道呢？比起遺傳的力量，生活習慣會帶來更大的影響。

長高七公分的具體計畫

1. 早睡（晚上十點前）

2. 均衡飲食（特別要吃小魚乾、牛奶、肉）
3. 每天運動三十分鐘（彈跳床十分鐘，跳繩一百下，溜直排輪或騎自行車）

克服障礙的方法

1. 從晚上九點開始準備睡覺
2. 不想喝牛奶的時候撒一些可可粉再喝
3. 不想運動的時候跟著媽媽做瑜伽

省略具體過程、毫無根據的樂觀想像只會使目標的實現變得模糊。因為，雖然意識上能夠肯定地說出積極的結果，但在潛意識中卻會產生「真的有可能嗎？」的懷疑。「我想這樣過生活」和「我要這樣過生活」之間的差異非常明顯。光是想像而不付諸實踐，是很難如願以償的。為了實現孩子的目標，讓我們幫助孩子確立方向後制訂「計畫」吧！

◎ 如何制訂確實可行的計畫表

過去幾年，由於新冠肺炎疫情看不到盡頭，隨著一天天過去，那時我在家無所事事的日子比去學校的日子還要多。整個學期才去了幾次學校，就已經收到寒假通知書了。想要更有計畫地度過這類長達四十天以上的假期，就需要制訂生活計畫表。

我要求孩子們使用電腦製作，為老套的計畫表增添一些樂趣。雖然只是在週計畫表的基本框架上進行簡單的文字輸入，但是孩子們似乎認為這是一個有趣的計畫遊戲。他們把有模有樣的生活計畫表貼在顯眼的地方，並且充滿了實踐的熱情。

①按照週計畫表安排每天的活動

提到生活計畫表，可能會想到一個鐘錶形狀的圓形模板，在圓圈的中心畫出半徑，就像切割出一片片大小不一的披薩一樣。那種模板在五十多年前可能很有用，但現在的孩子們一週當中每天安排的活動日程都不一樣，比如週一去補習，週二和週四去學鋼琴。在一個模板上寫上每天同樣的日常活動，這種鐘錶型的設計方式已經不適合現在的孩子們。

②設定活動量

設定活動量就跟安排每天的活動一樣重要。學習的部分就歸入學習量，運動的部分就歸入運動量。雖然很少見，但或許有些孩子會對學習充滿熱情，這種孩子可能會設定一些不切實際的學習量，例如每天背一百個英文單字、每天寫一個單元的數學題等。有些孩子則可能因為太想要減肥或長高，而設定每天跳繩一千下或者跑操場十圈之類的運動量。

孩子們真的能堅持執行這樣的計畫嗎？很多孩子會在這個環節設定他們不可能實踐的量。所以，盡量讓計畫保持在平時的活動量或者稍微高一些，這樣會更容易實現。

③預估活動所需時間

「藝雪，你打算花一個小時寫數學運算題嗎？我覺得我女兒算數學還挺快的……有需要花一個小時嗎？」

「是喔？好像不用一個小時。寫完之後再對答案的話……嗯……大概三十分鐘吧？」

孩子在制訂計畫表時，應該要能夠自己估算活動所需的時間。這一點非常重要。如果把平時只需三十分鐘就能完成的兩頁運算題定為一個小時，那就表示孩子還不清楚自己的能力和水準。在這種情況下，需要幫助孩子預估他們解一道題需要幾分鐘，最終完成兩頁練習題又需要多長時間。要讓孩子清楚了解活動所需的時間以及閒暇時間的適當比例，並讓他們提前意識到，如果不能按時完成該做的事情，剩餘的寶貴閒暇時間將會逐漸減少。

我們有時會對成功人士取得的卓越成就感到興奮。但是，鮮少有人關注那些成功人士為了實現這些成就而花費的時間和努力。就像我們閱讀世界著名作家 **J.K.** 羅琳的暢銷書《哈利波特》系列時，不會想起她在默默無聞時期付出的努力一樣。

如果說智慧是原石，那麼自律性就是寶石。我們必須挖掘地底深處埋藏的原石，將其帶到地面上。發現的原石，亦即先天的才能，需要不斷琢磨才能成為寶石。寶石的價值並非天生的，而是取決於它的卓越性。想要變得卓越，就需要不斷磨練「自律性」，成為寶石沒有捷徑。

自律性就是持久力。自律性是一種始終如一、不反覆無常的性格，也是一種不抄捷徑或往別處去，哪怕邁出的步伐不大也依然朝向目標前進的態度。請記住，「持久」比「開始」更重要，「堅持」比「卓越」更重要，是持久力讓原石變寶石。

學習也需要累積成功經驗，才能做得好

必須讓自律成為習慣，才能每天堅持下去

在為學生家長舉辦的講座上，我經常強調國小生每天都應該持續進行的三個學習項目，分別是：每天閱讀、每天寫作、每天做數學習題。儘管家長們都相當認同這三點的重要性，但他們也感嘆想要「每天」實踐不是一件容易的事。

「每天都要寫兩頁的數學題。」

「做完功課了嗎？先做完功課才能看電視。」

父母要逐一地下指令，還要用老鷹般的眼神緊盯著孩子，真的十分痛苦。而對於要承擔父母的指令和被監視的孩子們來說，也同樣讓人感到厭煩。難道自己主動念書、不用催

促就認真做完功課的乖小孩，只會出現在別人家嗎？

其實「每天學習」，需要建立在自律性的基礎之上。假如孩子本身很喜歡閱讀、喜歡寫作，也喜歡寫數學題，自己主動按時完成那當然最好不過，可是現實生活中很難找到這樣的孩子。但我們也不能因此覺得：「沒錯，這世界上哪有孩子會二話不說地自己主動學習。」然後直接放手不管，這會讓我們心裡不安。

如何培養學習的自律性

學習本來就不是一件讓人心情愉快的事，很少有人是出於喜歡而做功課，玩樂肯定比學習有趣得多。學習最終還是需要忍耐並堅持。不過學著學著就能夠從中感受到樂趣，也會發現自己的興趣所在，這也是學習的特點之一。學習是父母完全沒辦法代勞的領域，即使幫孩子找到一流的老師、很好的參考書，還是需要孩子自己持續學習才能發揮作用。因此學習的過程中，最重要的就是持續學習的力量，以及學習的自律性。接著就讓我們來了解如何培養孩子學習的自律性。

◎以學習的分量為標準，而不是時間

有些孩子在制訂學習計畫的時候，會設定要念英語一小時、念數學一小時，像這樣把時間當作標準。然而制訂學習計畫時以學習份量當作標準是更合適的。下面是以學習分量為標準制訂的學習計畫範例：

科目	學習分量	預估時間	實際時間	自我確認
英文（低年級）	英文課本練習3回、朗讀繪本1回	1小時	40分鐘	○
英文（中高年級）	聽力練習3回、朗讀課本1回、默背生字10個、寫閱讀測驗	1小時	10分鐘	○
數學運算	分數的加法與減法運算題庫2頁	30分鐘	10分鐘	○
數學課本基礎	課本第xx～oo頁解題完整理錯題本	30分鐘	40分鐘	○

數學 邏輯力	課外參考書單元第xx～○○頁 解題完整理錯題本	1小時	20分鐘	○
寫作	寫1篇讀書心得	30分鐘	20分鐘	○

每一個科目都要具體寫出需要學習的內容和分量，然後再讓孩子自己預估學習所需的時間。根據學習的分量預估所需時間的能力屬於後設認知（metacognition），後設認知發達的孩子可以相當準確地預估所需時間。如果孩子年紀還很小、或是缺乏制訂學習計畫的經驗，一開始預估的時間和實際所需的時間可能會有很大的差異。但經過多次嘗試並調整學習計畫，孩子的後設認知能力就會逐漸增強。

◎分段學習

對孩子來說，要一直坐在位子上一口氣完成所有計劃好的學習量並不容易。期待孩子長時間坐著專心學習是不切實際的。雖然父母看到孩子長時間坐在書桌前學習的模樣，或許會感到欣慰，不過對於國小生而言，分段學習會比長時間集中一個主題的成效更好。通常年紀越小，能專注的時間就越短，因此需要養成孩子一次完成一項學習任務的習慣。例如今天需要完成兩頁運算題，就應該要一次寫完，而不是先寫一頁，休息一段時間後再寫另一頁。如果一次寫兩頁太過困難，可以調整分量，先從一頁開始，之後再慢慢增加到一頁半或兩頁。

◎每天累積成功的經驗

假如孩子已經邁出了學習自律的第一步，接下來就要累積成功的經驗。如果一次學習大量的內容，然後立刻精疲力竭，這樣只會留下挫敗感。比起大量學習，更重要的是少量學習並獲得完成任務的成功經驗。即使每天學習的時間很短，孩子仍然能夠養成持續不斷學習的習慣。每天閱讀一本書、寫三行句子、完成兩頁的運算題，這些成功的經驗累積起來，往後孩子就能夠應對更多的學習內容以及更困難的課業挑戰。

◎孩子完成學習分量時，要給予稱讚而非評價

當孩子因為想要快點去玩而在十分鐘內隨便寫下三行字，並大喊「我做完了」的時候，也不應該責備他：「這是什麼？重寫一遍。」而是應該稱讚他明明很想去玩，卻依然先做

了該做的事。在培養學習自律性的第一階段，比起「完美」，更需要「完成」的經驗。

父母不該變成檢查孩子表現的評價者，反而要認為：「原來孩子可以輕鬆做到這個程度啊！」並稱讚他完成任務的這一點。等孩子擁有了多次成功的經驗之後，他也會培養出「我能輕鬆做到這個程度」的學習自信，這時就可以增加學習的分量，同時訓練孩子做題正確度及精準度。學習過程比孩子預期得更容易，或是完成時間比預期得更早，都可以提高對學習的自信。父母的鼓勵和孩子完成目標的成功經驗，正是培養學習自律性的基石。

●●●

讓自律性成為習慣的方法

週末的時候，全家人約好要去電影院看電影。走進電影院的那瞬間，濃郁又香甜的爆米花味立刻鑽進了我們的鼻子。孩子們吵著說看電影當然要吃爆米花，於是孩子們便跟著爸爸一起買了爆米花回來。

看到那一大桶滿滿的爆米花，我不禁對先生發火；「這麼不健康的爆米花你怎麼買這麼多！電影結束後孩子們還要吃晚餐，吃這麼多爆米花，怎麼可能還有胃口吃飯？」於是先生和孩子們都保證只會吃一半。

可是當電影結束、燈光再次亮起的時候，他們答應只吃一半的爆米花桶竟然空了。知道和實際行動完全是兩回事。

●●●

◎家長別只說「不要做」，而是要檢查環境

想想我們是不是在家裡放滿了巧克力和糖果等等不健康的食物，然後告誡孩子：「這些零食對身體不好，你們不要吃！」或是不斷向拿著手機的小孩說：「不要再看手機了，去看書！」這就像是我讓先生買了一大桶裝得滿滿的爆米花，還要他們「不要吃太多」一樣，是一個標準言行不一的情況。

如果真心希望孩子們不要吃一些有害健康的零食，家裡就不該存放這些食品（就算有，至少也要藏好）。希望孩子少玩手機遊戲、多看書的話，就應該讓他們的手上拿著書

而不是手機。要是我真的希望他們只吃一半的爆米花，就應該在一開始先清掉半桶。在對孩子說「不要吃」、「不要做」之前，應該要先移除誘惑，這才是首要任務。

有趣的電視節目、YouTube影片、甜美的巧克力等強烈的誘惑，和我們抵抗這些誘惑的意志力，兩者之間存在著一個造成巨大壓力的「衝突」。我們該做的就是儘量減少每次遇到誘惑卻必須抵抗的龐大壓力。孩子們在面對自然但帶有目的性的環境，比對命令、強迫、要求、禁止等行為的反應更加正面。

期望的行為	有目的性的環境
「不要吃巧克力。」	丟掉（或藏起）巧克力、 準備健康的零食、把零食裝在小碟子裡
「不要看YouTube。」	設定使用手機的時間、 使用兒童手機或2G手機
「多閱讀一點書。」	在活動空間擺放書籍、 多去圖書館
「寫完這本題庫。」	規劃每天要寫的分量

與其用「禁止」的方式告訴孩子「不可以吃巧克力和果凍」，並從孩子手中搶走這些零食，乾脆把零食從孩子眼前移走、或是提供健康的零食給他們是更有效的。

面對大量食物時，很難不多吃；食物放在眼前時，也很難不伸手去拿。像爆米花桶這樣的環境，會引發我們無意識的行為。如果期望孩子做到某些行為，首先要確保他所處的環境能夠促進他做到那個行為。孩子周圍環境的每一個環節都很重要。儘管一直強調環境的重要性可能會帶給父母壓力，不過努力讓環境變得更具意義，絕對是必要的。

●●●

打造最好的學習環境

「藝瑞，我們可以看看你的房間嗎？坐著不會背對著門，書桌擺的位置很好。」

「聽說坐著背對門的話，內心會感到不安，專注力會下降。」

「把書桌放在後面也做得很好。陽光不會過度直射，讀書時才能提升專注力。藝瑞，你經常使用這個房間嗎？」

「是的，如果在立式書桌前沒辦法專心的時候，我就會進去裡面讀。這裡面跟讀書室非常像。」

「很好。家長請在這個房間裡再加一張學校使用的課桌椅。要在和考試環境差不多的地方進行實戰演練。還有，要在顯眼的位置掛一個計時碼表，因為解題需要確認時間。房間濕度請保持在二十到二十三度之間。（中略）把牆上沒用的東西全部撤走，並掛上蒙德里安的畫作。這有助於提升專注力，讓大腦運動變得活躍。」

●●●

這是韓劇《SKY Castle 天空之城》裡出現的一幕，這部劇大膽直接地呈現出韓國的現實，那就是：付出多少努力就能獲得多少成果的能力主義，或許只是一場不切實際的夢。靠著財富和權力，藝瑞得到了大學入學協調員金珠英老師的幫助。為了檢視藝瑞的學習環境，金珠英老師造訪了藝瑞的家，並針對學習環境提出了非常詳細的建議。金珠英老師看見一個大約寬1.1公尺、長1.8公尺的狹窄空間，這個小小的箱型讀書隔間甚至單獨設置了一道門，對此金珠英老師給出了「很好」的評價。

這個讀書隔間的確是一個可以提升專注力的地方，不過這個空間同樣也是一個完全隔絕外界噪音的環境。暫時在安靜的環境中學習是好的，但長時間在這樣的地方學習並不會帶來太大的幫助。孩子們真正考試的環境、還有在學校念書的環境都不是完全隔音的空間，所以需要幫孩子營造一個有一點細微噪音也不會打斷專注力的環境。

◎從學習環境開始準備

有一句法語是「mise en place」，這句話的意思是指「放在正確的位置上」，主要是廚師會使用的詞彙。所有的食材和工具都必須放在正確的位置上，才能順利地開始烹飪。

想像一下綜藝節目上，沒有料理技術或是缺乏煮菜經驗的藝人做飯不熟練的樣子吧！當他們炒飯時先放了油，然後匆忙跑到冰箱前找食材的畫面；把從冰箱拿出來的食材大概切好，放進鍋子炒到一半又忙著找鹽巴、在櫥櫃前翻來翻去的畫面；最後還有爐火上的食材統統都燒焦的畫面，這樣怎麼好好煮出一道料理呢？

不熟練的料理初學者沒辦法設想煮菜過程需要的所有步驟。如果他已經準備好所有的食材和工具，也在腦海中描繪出料理過程的每個步驟，想必他就不會為了找下一個要用的食材或工具而手忙腳亂了。料理初學者還沒有這樣的能力，所以他們當然無法全心專注在炒飯這一個「目標」上。

我們來看料理初學者和缺乏專注力的孩子之間有哪些共通點。假如孩子坐下念書不到幾分鐘就開始找橡皮擦、倒水來喝、上一下廁所，感覺忙來忙去學習進度卻沒有往前，這樣的行為和料理初學者很類似吧！其實不僅是料理方面，在學習上我們也可以藉由在腦海中描繪出一連串的學習過程，提前準備好需要用到的物品。

●●●

「老師，我們家珍雅每天都坐在書桌前很久，可是一點進度也沒有。」

學期初的時候，珍雅的媽媽在諮詢時間對我說出了她的困擾。

「珍雅在家裡是怎麼運用時間的呢？」

「她會寫參考試卷、做手工、畫畫，也會閱讀書籍。我也同意她每天看大約三十分鐘的 YouTube。」

「珍雅是在哪裡寫參考試卷、做手工、畫畫、閱讀書籍呢？都在同一個空間和同一張書桌上嗎？」

「是的，她都會坐在同一張書桌前做手工和畫畫，通常也會在那裡看 YouTube。」

●●●

大家猜出珍雅坐在書桌前很久，卻進度很慢的原因了嗎？珍雅學習的空間裡充滿了她可以畫畫、做手工的東西和閱讀的書。而且，這個空間也是讓她可以看 YouTube 影片的地方。就算她再怎麼想要專注在寫題或作業上，放眼望去也到處充滿誘惑。

人類是環境的動物，意思是人類會受到周圍環境的影響，也會影響周圍環境。我們若希望孩子可以自己主動坐在桌子前，第一步就要先檢查周圍的環境，打造出一個讓孩子專心學習的區域。最簡單的方法是有目的性地改變外在空間。那麼，我們應該如何打造孩子的學習環境呢？

◎移除干擾學習的因素

我們前面介紹過的棉花糖實驗（第199頁），其實起初是想要研究孩子們需要運用到什麼技巧才能抵抗誘惑。後來在實驗的過程中，發現了延遲滿足能力和成就感之間的關聯。那麼回到實驗最初的目的，如果想讓孩子們抵抗棉花糖的誘惑，最有效的策略是什麼呢？答案就是不要把棉花糖放在眼前，而是把它藏起來。也就是說，只要把棉花糖從孩子的眼前移開，他們就能忍耐更長的時間。

這項實驗中最重要的發現不僅是「延遲滿足能力」，還有「環境設定」。當時參與實驗的孩子，有些可以看到棉花糖，有些則看不到。當棉花糖不在視線範圍內時，孩子們可以等待大約十分鐘的時間，不過當棉花糖放在眼前時，他們只能等六分鐘。這告訴我們：根據「環境設定」的不同，孩子們可以抵抗棉花糖誘惑的時間也會隨之不同。

在那些看得到棉花糖的孩子之中，可以忍耐很長時間的人都利用了策略分散自己對棉花糖的注意力，例如轉移視線，或是專心在其他事情上（像是唱歌或是玩玩具）。設計這項實驗的沃爾特．米歇爾教授表示，「環境設定」也可以提高自律性。

將棉花糖放在面前還要求他們忍耐，實在太苛刻了。孩子們在日常生活中面對各種耐心的考驗時都不會完全通過了，為什麼一定要把棉花糖放在眼前並要求他們忍受呢？若移除像棉花糖這樣的誘惑，孩子不需要經歷忍耐的時間就可以輕鬆克服困難。

改善孩子的周遭環境，遠比要求他們展現耐心來得容易，即使孩子的「延遲滿足能力」並不如父母預期也能做到。讓我們試著調整或重新進行「情境設定」，並應用在學習環境中吧！這樣就能利用環境促進或是減少孩子某些特定的反應。

◎找出干擾孩子學習的因素

建立學習環境的第一步，就是找出並移除干擾的因素。思考一下，會干擾「我的孩子」學習的因素是什麼？這裡特別強調「我的孩子」，是因為每個孩子的干擾因素都不同。

如果孩子平常睡很多或是喜歡賴床，那麼床、鬆軟的沙發或寢具可能就是干擾因素，在這種情況下最好可以把床和書桌的距離拉遠一點。喜歡手工藝或繪畫的孩子，手工藝的材料或繪畫工具都可能是學習期間的干擾因素，應該把畫筆等工具放進抽屜或其他地方，等要使用的時候再拿出來。對於那些喜歡沉浸在書中的孩子，讓他們好奇後續發展的書可能也會成為干擾的因素，可以另外安排一個在他們完成學習計畫之後，能用舒服的姿勢放鬆閱讀的地方。

最後手機不要放在學習的空間裡，最好放在公共區域（我們家的孩子會把手機放在廚房，因為我只把手機充電器放在廚房裡）。除了上述的干擾因素之外，也請找出其他會干擾「我的孩子」的因素來幫他「設定情境」，打造出一個最適合他的學習環境。

只要稍微改變學習環境，就能夠讓孩子不用再和自己的內心搏鬥。透過從外在環境中移除誘惑的因素，也能避免孩子產生消極的欲望。為什麼考生會離開自己安靜的家而選擇去圖書館學習，也是同樣的道理。在圖書館最容易做的事就是學習，因為那裡很難玩手機遊戲，所以不需要刻意強迫自己念書就可以非常專注。

即使無法每天帶孩子去圖書館，但至少我們可以改變孩子周遭的環境，藉此減少孩子心中的矛盾。

◎在學習環境中賦予主動性

在建立學習環境時應該充分反映出孩子的意願，透過這樣的方式讓孩子擁有「主動性」。沒錯，就是先前曾經提到過的「主動性」。如果直接改變空間環境是建立外在環境，那麼父母尊重孩子的態度就是在培養孩子的「主動性」，藉此打好心理環境的基礎。

如果想要幫孩子打造出一個尊重主動性的心理環境，與其在父母的主導下消除干擾因素，不如藉由和孩子對話，讓孩子自己找出干擾因素，並引導他決定要把這些東西放在哪裡。孩子能夠自己主動消除干擾因素固然很好，不過願意去做的孩子遠比不去做的孩子要少得多。然而父母也不能因此就先行出面，按照父母自己的風格整理或重新配置物品，這個舉動從長遠來看，不會對孩子有太大的幫助。

「我們把畫畫工具放進盒子裡，等需要的時候再拿出來好嗎？」、「你想把按壓泡泡玩具放在哪裡？要放在收集玩具的地方嗎？你可以把客廳的一格抽屜拿來用。」、「你想把時鐘掛在哪一面牆壁上？」用這種方式給孩子更多選擇權，是一件很好的事。在對話並尋找共識的過程中，孩子會覺得自己被父母尊重。

◎學習環境應具有彈性

雖然前面提到，打造適合孩子的學習環境很重要，但與此同時，我們也必須摒棄只能在同一個地方學習的固定觀念。在同樣的地方待太久，很有可能會引起厭煩和疲勞的感覺。根據調查，東京大學的學生有七四％在客廳、十五％在書房，十一％則在其他地方學習。

但這個統計並不代表客廳是一個最佳的學習地點。只是就算不是在書房，家裡也應該具備一種溫暖而寬容的氛圍，讓孩子在書房念書的時候，也願意隨時放心打開房門。

用學習訊號來分塊

「分塊」（chunking，或稱「記憶組塊化」）是指人們把需要處理的各種資訊整合成一整塊的過程。美國心理學家喬治．米勒（George Miller）認為，人在記憶訊息的時候，會經歷一個有意義連結以及整合的過程，他將這個過程稱為「分塊」。米勒指出，最可以有效進行分塊和整合的數字是7（±2）。舉個例子來說，在背誦中國歷史清朝皇帝時，如果按照順序用「順治、康熙、雍正、乾隆……」這種方式記憶，就需要記住十位皇帝名字，但假如用「順治康熙雍正、乾隆嘉慶道光、咸豐同治光緒宣統」的方式，把每三、四位皇帝名字分為一組記憶，只要記住三個組合即可。

分塊不僅可以用於記憶，同時也是簡化生活的一種方法。如果每天都需要做出相同的決策，將一系列的思考和行為過程整合成一體、讓它簡單化，這就是一種「分塊」。我們將飯後刷牙的行為過程當成一個例子來看。

我們走進浴室拿起牙刷，打開牙膏蓋，擠牙膏在牙刷上，然後蓋上牙膏蓋，開始刷牙，一一地把門牙、臼齒、上排牙齒和下排牙齒徹底刷乾淨。再把沾滿泡沫的牙刷沖洗乾淨，甩乾之後放回原位。接著用清水反覆漱口好幾次，用毛巾擦掉嘴角和手上的水滴。當我們在進行刷牙這一連串的動作時，會需要費心思考再執行嗎？大部分行動應該都是在無意識中完成，不需要刻意記住步驟，這是因為「分塊」已經將所有過程整合成一個記憶了。

我們可以將「分塊」當作一種策略，自然而然但有意識地引導自己刻意做出某些行為。不過當然也有不是那麼好的「分塊」。一大早手機鬧鐘響了，我們半睜開眼睛關掉了吵鬧的鬧鐘聲。在被子裡翻來翻去後，拿起手機看通訊軟體和訊息，再打開網頁瀏覽新聞。接著到社群網站上看朋友發的即時動態，然後觀看 YouTube 影片。突然之間理智會威脅我們自己，要是現在不立刻放下手機起床，就有可能會遲到。我們無意識地關掉正在看的手機，這也是一種非主動性的「分塊」。

要培養孩子的自律性需要策略。分塊記憶正是能夠幫助將自律性培養為習慣的一種策略。請靈活運用「分塊」，自然而然地引導孩子學習的行動。

◎提前準備要學習的內容

行為往往都是由特定的訊號觸發，因此我們需要製造出一些可以觸發行為的訊號。例如，在前一天晚上將隔天早上需要完成的作業放在書桌上做準備，當早上一睜開眼睛就看到桌上準備好的作業時，我們就會很自然地坐到書桌前。

這個時候，事先準備好、放在書桌上的作業就成為了讓我們坐到書桌前的訊號。書桌上準備好的作業和坐到書桌前的行為，可以被整合到同一個分塊裡。將訊號和行為結合，可以幫助我們在面對必須完成的學習內容時，縮短猶豫要不要執行的時間，同時也可以減少不想學習之壓力情境的出現次數。

◎利用音樂作為訊號

我在課堂上，尤其是進行創作活動的時候，總是會播放沉靜的音樂給孩子們聽。在早上閱讀時間，我也不需要下指令告訴孩子們：「要來讀書了喔！」而是會播放沉靜的音樂並表現準備閱讀的模樣。當孩子們接收到音樂和我示範的訊號，便會開始一起閱讀。在美術課裡，我說明完活動內容之後只要接著播放音樂，孩子們自然會專注地投入自己的創作。我連在打掃時間都會播放固定的音樂，而不是叫他們「快打掃」。這樣就沒有需要強迫孩子做事的父母或老師，也沒有需要被強迫的孩子或學生，一切都可以自然而然地進行，不會出現猶豫的煩惱或壓力。

這就是我選擇音樂作為行為訊號的原因。音樂和食物、音樂和閱讀、音樂和繪畫、音樂和寫作之間似乎沒有太大的關聯。然而看似沒有關聯的訊號，卻可以觸發人們做出特定行為的結果。

我們在家裡也可以嘗試這個方法。無論是學習時間、用餐時間、睡前準備時間等等，可以根據每個活動的特色選擇適當的音樂，用音樂當作行為的訊號。要注意的是，如果使用音樂作為學習的訊號，當孩子開始學習之後就需要慢慢降低音樂的音量，以免干擾孩子。

聰明地制訂獎勵規則

各位曾經試著用木柴點火嗎？不管木柴品質多好，只要把火苗撥散，它很快就會熄滅，只留下燃燒過的痕跡。想要讓柴火燒得旺盛，除了需要搧風，也需要倒入燃料。給予獎勵就像對孩子的特定行為幫忙搧風或添加燃料一樣。

如果只是單獨把學習這個特定行為和學習訊號連接起來便結束，很難養成孩子學習的自律性。想要奠定孩子學習自律性的基礎，就需要「持續性」。所以父母必須針對孩子的努力提供小小的獎勵，適當的獎勵可以成為孩子持續學習的燃料。

◎促進持續學習的獎勵

開始學習的動力是出於動機的賦予和目標設定，不過可以持續學習的力量則是自律性。獎勵能夠發揮促進持續學習的功能。當孩子學習行為具有持續性時，內心對於要不要學習的掙扎就會隨之減少。最終不需要經歷矛盾掙扎，就可以培養出坐在書桌前學習的自律性。

無論是外在獎勵還是內在獎勵，我們使用的目的都是為了讓孩子的行為可以持續，並提高想做的動機。由學習者外在因素提高的動機被稱為「外在動機」；相反地，學習者從特定行為中感受到快樂、或滿足自己想要擁有成就感的欲望同樣也是一種動機，這類型的動機則被稱為「內在動機」。

美國心理學家亞伯拉罕・馬斯洛（Abraham Maslow）提出的人類五階段需求中，最高層次的需求就是自我實現（Self-actualization），這和內在動機是相通的。因為追求成就的欲望和因此產生的快樂，都與自我實現需求相關。

然而很少有孩子能從一開始就具備內在動機。令人驚訝的是，還有相當多孩子完全不具有任何動機，也就是「無動機小孩」。這樣的孩子本身並沒有任何動力，所以需要先由父母協助建立外在動機。

無動機 ⇒（適度的獎勵）**外在動機** ⇒（適度的獎勵）**內在動機**

亦即要一步步地幫助孩子提高動機的水準，從無動機到外在動機，再從外在動機到內在動機。這時所需要的就是適度的獎勵。這裡提到內在動機的層次比外在動機的層次更高，但不能因此便簡單地用二分法認為內在動機是好的，外在動機是壞的。

◎幫助轉換為「無意識習慣」的獎勵法則

當孩子體驗到滿意的獎勵時，透過ｆＭＲＩ（functional magnetic resonance imaging，功能性磁振造影）掃描他們的大腦，可以看到多巴胺的分泌。多巴胺是一種能使人感到愉悅，並鼓勵我們繼續進行某項活動的神經傳導物質。當孩子接收到超出預期的獎勵時，多巴胺的分泌會特別旺盛，而多巴胺也會將超出預期的獎勵經驗和當時的快樂情緒儲存在突觸中。當這個過程多重複幾次之後，便會形成「無意識的習慣」，孩子就會自己回想起當時心情愉悅的狀態，自己主動執行某項活動而不會猶豫。

開始一個行為時的大腦運作方式，和重複一個行為時的大腦運作方式完全不同。我們可以運用聰明的獎勵方法，幫助孩子從有意識的學習轉換為無意識的習慣。這就是獎勵所能帶來的「習慣穩固」。獎勵可以提高孩子的動機，動機則會觸發行為，行為不斷重複時就會形成習慣。因此我們也可以得出結論：獎勵可以幫助養成習慣。

當然，獎勵有時也可能帶來負面的結果。如果獲得的獎勵不如預期，大腦就會釋放不再執行那個行為的訊號。假如想減少獎勵的副作用並更有效地使用它，我們需要先精準地了解孩子的個性，同時仔細考慮獎勵的類型、間隔和時機。

①獎勵的類型

像是巧克力、零用錢、讚美貼紙或收集印章，還有新手機等實體物品，都屬於外在獎勵。而來自老師或父母等別人的讚美、自我稱讚，以及行為本身帶來的滿足感和成就感則屬於內在獎勵。

那麼，什麼才是適合我們孩子的恰當獎勵呢？答案會根據孩子感興趣的部分以及個性而有所不同。「給予什麼作為獎勵，才可以激發出孩子的成就欲望呢？」這個問題的答案就在孩子心中，需要父母的關心和觀察才能找到。

②獎勵的時機和間隔

給予或取消獎勵的時機也很重要。利用獎勵作為踏板來提高孩子的內在動機時，要是突然取消獎勵，可能會導致之前積累的習慣也隨之崩盤。獎勵必須是適時的。在每次預期的目標行為出現時都給予獎勵，對於培養自律性的初期、或是在孩子年幼時相當有效。不過持續且固定的獎勵會讓孩子心中出現飽和點，降低繼續遵守該行為的效果。

逐漸拉長獎勵的時間間隔或給予孩子意料之外的獎勵，可能會更有效。如果能讓孩子認知到，持續累積小小的成功經驗可以獲得更大的獎勵，就能讓行為持續更久。

③獎勵過程

所有的獎勵都有一個前提，那就是要「獎勵過程」。例如：因為上次考試考了八十分，這次考試考了一百分而給予獎勵的話，就是基於結果而給的，這是我們在給予獎勵時常犯的錯誤。那麼在這種情況下要如何獎勵呢？我們應該獎勵孩子從八十分進步到一百分的努力過程。

我們需要密切關注並獎勵孩子在成果背後的努力，像是養成規律學習的習慣、認真整理錯題本的舉動、先把該做的學習計畫都完成了之後才去玩遊戲等等。原本只得到三十分的孩子這次進步到五十分，也是同樣的處理方式。如果是獎勵孩子付出的努力，即使考試分數不高也仍然會有很多值得稱讚的地方。換句話說，獎勵過程就像是獎勵自律性一樣。

④不需要獎勵理所當然的事

孩子應該為了學習付出努力、上學不要遲到、考量到其他人的需求，也要盡量保持整潔，這些都是孩子理所當然要做到的事。正因為理所當然，就不需要「持續地」給予外在獎勵。這些本就是生活中應該遵守的基本規則和秩序，要是針對這些「理所當然的事」給予獎勵，孩子可能就會認為他可以選擇要不要做這些事情。因此即使沒有獎勵，也要幫助孩子能夠持續做到這些行為。

當然，由於每個孩子接受並內化的速度不一樣，上述這些事情對有些人而言或許並不是那麼理所當然。假如孩子還沒有養成正確的生活習慣，可以適度地給予獎勵，直到這些不是理所當然的事變得理所當然為止。但是要記得，一旦形成了某種程度的習慣，就應該逐漸減少獎勵，並嘗試調整行為的強度。

⑤懲罰對於學習自律性的培養沒有幫助

「要是你這次考試成績不好，我就會沒收你的手機」、「如果你今天的作業沒有完成，就不能玩手機遊戲」等等，也有這種移除獎勵的方法。萬一孩子沒有達到目標分數，可能就會失去之前答應買給他的手機；如果沒有在規定時間內完成作業，也可能會失去休息時間。這其實是一種和獎勵概念相似的懲罰。

「萬一你沒有全部完成、萬一你沒有超過這個分數，我就不會給你〇〇〇。」像這樣有條件的協商看起來似乎有助於培養良好的習慣。事實上，懲罰的確可以減少不良行為發生的頻率，從短期來看，它可以被視為一個有效的動機。然而，這和幫助培養學習自律性的獎勵概念完全不同。長期來看，懲罰反而可能會變成削弱孩子「動機」的因素。

⑥不同年齡的獎勵方式

一個才剛進國小就讀的孩子走到教室前，把他剛剛完成的試卷遞給老師，並抬頭挺胸地大聲說：「我寫完了，請播《哆啦A夢》給我們看！」各位可能會覺得驚訝，不過這是我在學校經常遇到的一個情況。

不僅是低年級的孩子，連高年級的孩子在面對稍微困難或麻煩一點的課題時，也會和大人討價還價地說：「我做完這個的話，老師你會給我什麼？」這種情況不只發生在學校裡，很多家庭中的孩子也會期待能拿到源源不絕的獎勵。

對於年紀小的孩子來說，立即可見的獎勵是最有效的。假如是低年級的孩子，可以讓他們收集貼紙或優惠券，用眼睛可以看見的方式給予會增加他們的成就感。

面對高年級的孩子，我們應該立即給予像是讚美和鼓勵這樣的內在獎勵。至於外在獎勵則可以調整成針對累積一段時間的行為來給予，短的話可以是一個星期、長的話大約一個月。比起「每天都不間斷」這種嚴格的獎勵門檻，「在三十天當中成功做到二十次」這種有彈性的獎勵計畫更容易達成。父母應該靈活運用各種方法來幫助孩子不要中途放棄。

⑦獎勵應該延續的方向

我們需要幫助孩子建立行為習慣，從外在獎勵轉向內在獎勵（自我強化），再從內在獎勵轉向不需要獎勵。有些孩子要獲得外在獎勵才能感到滿足，而有些孩子只想要獲得讚美或成就感這些內在獎勵。

零用錢變多或是收到想要的玩具等等，把給予這些當作外在獎勵、移除這些當作懲罰的時候，雖然可以短暫地提升孩子的動機，但持續性不強。父母的支持、讚美，最終能感受到滿足的自我肯定，這才是最大的獎勵。這也稱為「自我強化」。當孩子完成小目標時，我們可以幫助他們擁有成就感、由自己給自己獎勵並稱讚自己，藉此讓他們達到自我強化。

外在獎勵 ⟹ 內在獎勵 ⟹ 不需要獎勵的行為

現在的孩子們都過著非常富足的生活，也因為這樣，外在獎勵的效果並不像我們想像中那樣持久。所以我們應該要儘可能少用外在獎勵，並在使用之後逐漸減少。

⑧使用建議的說法，而非帶有條件的說法

「要是你這次考試超過九十分，我就會給你一百塊的零用錢。」

「要是你不寫作業，就不讓你看電視。」

我們在給予獎勵的時候經常使用這種帶有條件的說法。假如孩子習慣了「做〇〇就給你〇〇〇」這種條件式獎勵，他們就會覺得按照條件獲得回報是理所當然的。條件式獎勵最大的問題是它剝奪了孩子「懂得感激」的心情。只要考試超過九十分，他們就會覺得拿到一百塊零用錢是理所當然的回報。父母和孩子的關係不應該只是基於條件和交換，想要建立一個充滿愛和感謝的親子關係，就要試著使用「建議的說法」。意思就是不要強迫孩子或提出條件，而是提出建議。

不要說：「要是你不寫作業，就不讓你看電視。」而是可以說「等你作業寫完後，我們再一起看電視吧！」不要說：「要是你這次考試超過九十分，我就會給你一百塊的零用錢。」而是可以說：「這次考試成績考得很好的話，我們就去吃慶祝大餐怎麼樣？或是一起去買玩具也不錯。」

◎如何在不給予獎勵的情況下，鼓勵孩子學習

外在動機的限制相當明顯，當有外在獎勵時可以看到很好的效果，但一旦停止獎勵，好的行為可能也會跟著停止。而且就算持續給予獎勵也無法保證效果會持續下去，因為孩

子會對相同的行為要求更多的獎勵，像是對獎勵產生了耐受性。所以父母應該幫助孩子把外在動機轉變為內在動機。

還記得我們曾在「主動性」章節中提到的主動性理論嗎？當人們自己做決定時，他們就會產生更大的動機並負起責任去行動。我們從這裡就能找到提高內在動機的方法。

自我決定性是由主動性、歸屬感和勝任感三大需求構成的。主動性的需求是想要自由地做出屬於自己的決定。反過來說，過度受到控制就會降低孩子的動機。例如當孩子玩得很開心，正想開始念書的時候，突然聽到媽媽說：「你現在總該念書了吧！」這會讓他原本想念書的動機大幅下降。

歸屬感的需求是希望和朋友、家人或擁有相同興趣的人在一起的渴望。幫助孩子建立一個同齡的群體，讓他們在這個群體中產生認同感並參與活動，不僅能夠滿足他們對歸屬感的需求，還能同時提高他們的內在動機。

最後，勝任感的需求則是希望得到別人認可的渴望。當得到父母、老師或朋友的讚美和認同時，孩子的勝任感也會隨之提升。

當這三種需求都被滿足時，自我決定性和內在動機都會一併提升。以下是透過激發孩子的主動性、歸屬感和勝任感的需求，藉此提升學習動機的方法。

①賦予學習選擇權——主動性的需求

給予孩子學習的選擇權，可以滿足他們對主動性的需求。當孩子能夠自己選擇學習科目、範圍、時間以及方法時，他們的內在動機就會提升。等選擇經驗逐漸累積起來之後，孩子將學會如何自己設計並執行學習計畫，父母只需在旁邊提供方向就可以了。

②建立學習的群體——歸屬感的需求

關於歸屬感的需求，我們應該要幫助孩子找到能帶給他安全感並激發學習動機的人際關係。有的孩子獨自學習時更能專注，但也有孩子需要和別人一起學習才會有學習的意願。這樣的歸屬感不僅限於朋友、同學之間，家庭成員之間也可以建立學習的群體，共同訂定一起學習的時間和主題。

③給予程度略高半階的學習任務——勝任感的需求

程度就算只高一階也算是提高了很多。應該給孩子比他目前能力稍微高半階的任務，以確保他們一定能成功完成。如果想滿足孩子勝任感的需求，成功的經驗就非常重要。過於困難的任務會讓孩子容易放棄，而太簡單的任務則會破壞他們的內在動機。

◎不應該把手機當作獎勵

「老師，我媽媽說如果我做得好，她會讓我玩一小時的手機遊戲。」這是我在學校裡經常聽到孩子們說的話。不拖時間寫完題庫、認真寫日記、某次考試得到一百分等等，孩子完成特定的行為時，父母給予的甜蜜獎勵往往就是手機。

如果孩子喜歡玩手機遊戲或是看YouTube影片，這種獎勵的效果確實會很顯著。不過想像一下，當我們告訴孩子：「好了，別再看了喔！」的瞬間，孩子會有什麼表情？是玩得很開心的滿足表情，還是充滿遺憾的表情？即使在父母看來已經玩得夠久了，孩子仍然會認為自己還沒玩夠。孩子們會把使用手機的時間當成休息時間，但實際上他們的大腦並沒有真正休息。一個沒有休息的大腦絕對沒辦法感受到心理上的滿足。

◎應該給孩子什麼來代替手機？

「老師，孩子已經習慣把手機當作獎勵了，要是突然拿走或限制他使用，這樣不會有問題嗎？」如果突然試圖管控已經習慣把使用手機當成獎勵的孩子，他們可能會反抗。需要和孩子協商、討論，逐漸減少使用時間，同時幫助他們找到和手機同樣有趣或是更好玩的活動。

每個孩子覺得比手機有趣的活動都不一樣。我在課堂上跟孩子討論「希望和父母一起做的活動是什麼」時，大家提到了活動身體的遊戲、可以走出日常生活並放鬆心情的旅行，還有全家都可以一起同樂的桌遊或戶外遊戲。

獎勵應該要在孩子的需求和父母可以給予的東西之間找到平衡。儘管這過程或許會有些麻煩、疲憊，但希望我們再付出多一點的努力。給孩子一台手機也許可以帶來平靜，然而為了斷絕孩子的壞習慣，我們需要鼓起勇氣打破這種虛假的平靜。

交友關係的重要性

美國心理學家科特．勒溫（Kurt Lewin）曾說：「人的行為會受到周圍的物理環境和心理環境影響。」其中他把周遭的人們稱為「社會力量」，這也是人在生活中會受到最大影響的因素。現在的我們也都受到周圍許多人的影響，尤其是孩子更容易受到父母、老師和朋友的影響。雖然不同年齡層的影響程度有所不同，不過國小生升上高年級時更容易受到朋友的影響。

有一項研究，是關於美國空軍學校學生的「朋友效應」。研究中隨機把三千五百名學生拆散，每三十人一組住在同一個房間。他們在同一地方接受訓練、吃飯和學習，連移動的時候都一起行動，所以很少受到外界的影響。經過了一段時間之後，這些學生發生了什麼變化呢？

一般人認為把成績高的學生和成績低的學生放在一起時，成績低的學生分數會提高。可是結果並非如此，成績低的學生分數反而變得更低，為什麼會這樣呢？因為在這三十名學生當中，成績低的學生會找成績也不高的學生組成小團體，互相給予負向的影響。

那麼體能成績呢？原本同樣預期體能成績低的學生，分數表現可以跟著體能成績高的學生提高，但實際上也不是如此。成績低的學生分數不但沒有提高，成績比較高的學生分數反而下降了。這是由於體能成績低的學生對體能成績高的學生帶來了更大的負面影響。由此可以知道「朋友」之間的確會互相影響，而且研究結果顯示負面影響比正面影響的力量更強。

教育環境的重要性

國中時期，我面對學校生活的態度並沒有十分認真。每次考出來的成績都不太好，我卻認為自己很聰明，只是不太努力而已。為了證明這一點，我每天都玩得很開心，果不其然，我的成績一直退步，我身上那個「全校第一」的標籤也慢慢被大家遺忘。

就在我即將就讀高中時，父親的事業破產，全家不得不搬離之前住的地方，而且距離非常遠。我到了一間連一個朋友都沒有的高中。踏入高中的第一天，我看到每個同學都感到陌生又尷尬，不只是因為大家初次見面，更讓我覺得陌生和尴尬的是我對他們的印象。

班上沒有人染頭髮、沒有人會把眉毛修得細細的、沒有人會把裙子往上摺短。取而代之的是有早上五點就打電話叫我起床的同學、會自動自發一起在早自習念書的同學，還有在我沒錢買午餐的時候分享食物給我的同學。就在這個氣氛很好的高中裡，我又開始認真學習了。我高中第一次考試的成績大約落在班上的中後段，不過畢業時我已經能夠和全校同學一爭高下。

當時我們家的經濟狀況還是沒有改善，所以我只能選擇就讀學費和註冊費加起來不超過一百萬韓元（約台幣兩萬四千元）的國立教育大學。畢業之後，我被分配到一間比較大的學校任教，但是在那裡幾乎天天都會遇到問題。不僅隨時會發生盜竊或暴力事件，還經常有學生無故缺席，讓我不得不出去找他們。雖然教育環境不好，那裡還是有許多聰明又乖巧的孩子，可是這些孩子卻常常需要留意其它具有攻擊性的孩子。

只要他們舉手發言，就會被批評是在裝模作樣；如果得到了老師的稱讚，就會說是因為老師偏心；不和別人一起做水球炸彈砸向隔壁大樓，就會被當成背叛者；不借功課給同學抄，就會被叫自私鬼。在這種環境下，即使是非常聰明又乖巧的孩子，也很難有一個安心的校園生活。

俗話說：「近朱者赤，近墨者黑。」看著這些被不良環境所影響的孩子，我盡力想改變這樣的氛圍，但這並不容易。看到孩子輕易地被周圍的氣氛影響，我每天都感到心情沉重又心痛，晚上幾乎無法安睡。

就這樣過了幾年後，我被調到另一所位於住宅區的學校。這所學校的孩子們大多乖巧、純真，雖然喜歡開玩笑又愛玩，但並不會有人惡作劇。大家在課堂上都很專心，舉手發言的同學也不會被批評是在裝模作樣。每當我看到這些孩子時，都會想起之前那所學校裡聰明又乖巧的學生。如果那些孩子也都能在這樣的環境下學習，會是怎麼樣的情況呢？想到那些孩子們，不由得再次深感遺憾。

◎學區的重要性在於「學習風氣」

學區一般是指「依照地區劃分若干所國中或高中的區域」。不過當人們說「這個學區很好」或是「我們因為學區而搬家」的時候，這裡提到的學區是指「國高中的程度、補習班的基礎設施、家長的經濟和社會地位，以及重視教育的社區環境」等和教育環境相關的因素。可以說，每個人對於「學區」的理解和詮釋都有所不同。

學區真的重要到讓我們需要因為學區而搬家嗎？我的答案是肯定的。當然我不認為「附近有很多家知名補習班的地方就是好學區」。我認為的好學區是「有良好學習風氣的學校」，其他部分都只是學習風氣的延伸而已。

學生之間的關係，以及老師和學生之間的關係都屬於學校風氣的範疇，而學生參與課程的態度和熱忱則會決定學習的風氣。一所充分營造出良好學習風氣的學校，課程的品質自然也會很高。除此之外，學生和老師也都會花許多心力關注未來的職業和升學問題。學校成員之間的關係、學習風氣、課程品質和職業規劃教育等，決定了一所學校的水準。

除了家之外，學校是孩子們待的時間最長的地方。學校對孩子的人生影響巨大，是一股不容忽視的社會力量。孩子在學校裡會遇到很多人，同時會因此受到決定性的影響。

正如前面提到的，關於美國空軍學院學生的研究，體能成績好的學生更容易受到體能成績差的學生影響。學習風氣也是如此，良好的學習風氣能夠對孩子帶來積極正向的改變，然而，不良的學習風氣對孩子不只會造成負面影響，甚至可能是致命的效果。

「回想起來，我的逆境真的是個祝福。
因為貧窮，我才能寫出《賣火柴的小女孩》；
因為被嘲笑長得不好看，我才能寫出《醜小鴨》。」

——漢斯・安徒生（Hans Andersen）

Chapter 05

培養正向習慣的力量

④復原力

必須知道「就算跌倒了也要重新站起來」，
才能完成學習

復原力的根基，在於失敗經驗

能夠重新站起來的原因

在颼起陣陣寒風的十一月某一天，還不到早上八點，教室的電話卻突然響了。

「老師，請您趕快下來。有一個學生，不，有兩個學生來了……。」

我急忙跑到學校中央的大門口，看到一個穿著拖鞋、連一件外套也沒穿地站在那裡瑟瑟發抖的孩子。他是民宇，身旁還有一個小女孩緊緊握著民宇的手，那是民宇六歲的妹妹。民宇沒有帶書包也沒有戴眼鏡，一大早就和他的妹妹來到學校。這兩個孩子發抖的原因不是因為寒冷，而是因為恐懼。

我是民宇五、六年級的班導師。當我在五年級第一次見到民宇時，他幾乎都不說話，非常拘謹。平常的他看起來總是很緊張，上課時的態度已經無法用專注形容，應該說是過於緊繃的狀態。就連和同學相處時也十分小心翼翼，這讓大家都覺得有些不自在。

我一直思考該怎麼讓民宇能夠放鬆地跟我、還有同學相處，也嘗試了各種方法。等五年級快要結束時，他終於可以和班上同學相處融洽，偶爾也會和我開玩笑，在學校過得很快樂。他上六年級之後我建議他加入廣播社，民宇從那時便開始參加各種學校活動，變得非常積極，他也因此被選為模範學生，並獲得了教育局的表揚。

我認識的民宇非常懂得為別人著想、很真心地對待朋友、知道如何同理他人，而且臉上總是帶著開朗的微笑，就連他認真舉手發言的時候也知道怎麼戳中同學的笑點。但是那一天的民宇卻完全不是這樣。

其實那時候的民宇已經遭受了好幾年的家暴，那天他被喝醉酒的父親打了一整夜，他等父親稍微睡著之後，就帶著六歲的妹妹趁機逃到學校。我看到民宇在這麼冷的冬天裡，沒有穿外套還光著腳出門的樣子，感到心如刀割。我心中自責的情緒油然而生，不斷問自己：「在和民宇一起相處的這兩年，我為什麼都不知道這件事？」真的非常煎熬。後來，民宇和他妹妹被送到遠方的親戚家避開爸爸，那一天是我和民宇最後一次見面。

十年後的某天，我收到了一封令人欣慰的郵件。已經是大學生的民宇告訴我，當初因為我在他國小最後兩年的期間給予他大量的稱讚和信任，他才能夠戰勝童年時期受到的那些傷害。他爸爸只要一喝酒就會罵人並動手打人，可是民宇說他在學校和老師、同學相處時，心情就能放鬆下來。他在家暴中所受到的身心傷害，在學校得到了治療。現在他和媽媽住在一起，就讀首爾的一所大學主修戲劇。

●●●

民宇曾經害羞地說，自己以後要成為知名主持人。他可以從童年時期的痛苦中站起來，成長為一個出色的青年，其中的祕密就是「復原力」。

我們應該欣然接受跌倒的機會

韓國有句俗語：「下過雨的地會變硬」，指經歷了風波之後會變得更穩固。不過可惜的是，這句話並不適用在每個人身上。有時太過猛烈的滂沱大雨，反而會劇烈沖刷土地造成崩塌。在人生的過程中，每個人可能都會被一些事情絆倒而痛苦不已，也可能遭遇巨大的不幸，變得怨天尤人。當這種情況發生時，有些人會癱坐在地、很久都站不起來，而有些人則是拍拍衣服、迅速地站起來再繼續前進。如果我們希望孩子在面臨巨大挫折之後還能堅強成長、不會因此倒下，就需要培養他們內心的肌力，也就是復原力。

復原力是能夠戰勝失敗的力量，英文的 resilience 則有「彈性」的意思。提到「彈性」時，我腦中第一個會先想到物理課上學到的彈簧實驗。彈簧被壓縮之後，它的彈性能量會增加，因此能夠跳得更高。恢復彈性不僅意味著得以克服失敗，更意味著能夠躍得更高。

要戰勝失敗首先需要有失敗的經驗。如果沒有經歷失敗，怎麼可能克服它或跳得更高呢？我們都知道，生活中常常都會有大大小小的逆境突然出現。遺憾的是，我們無法為孩子阻擋所有的失敗，也不能代替他們去經歷。將孩子安全地護在我們懷裡也只是暫時的，我們能做的就是培養他們面對失敗仍然可以站起來的能力，也就是復原力。

復原力能讓我們走出失敗的陰影、重新走向世界，而這種能力是在經歷並克服許多次失敗的過程中培養出來的。猶太人父母一定會教孩子「失敗」這件事，他們不僅會放任孩子在成長過程中經歷各種大大小小的失敗，甚至會刻意讓他們失敗，這對我們而言可能會覺得很奇怪。從常理來看，父母不應如此。然而失敗也是成長的一部分。失敗只是當下的結果，不過為了克服失敗而付出努力，則可以帶來未來的更好成果。

當然，要欣然接受孩子的錯誤和失敗並不容易。試想有哪個父母能夠開心面對呢？眼睜睜看著孩子失敗，比起在旁邊幫助他們避免失敗還要困難得多。「如果孩子失望怎麼辦？」、「如果孩子因為太辛苦而放棄怎麼辦？」、「如果孩子的自尊心受傷怎麼辦？」、「如果有人知道孩子失敗怎麼辦？」假如我們腦中不斷浮現這些想法，請回過頭來思考：身為父母的我們是不是太過害怕失敗？我們是不是誤把孩子的成功經驗當成自己的，所以才不願意讓孩子去做那些可能會面臨失敗的事，或是代替他們完成呢？

我們應該欣然接受失敗，甚至應該歡迎它，因為這是培養復原力的絕佳學習機會。孩子要是在跌倒之後缺乏重新站起來的經驗，往後在經歷失敗時就會無法再站起來。學騎腳踏車也是一樣，我們會從搖晃中學到如何保持平衡、從跌倒中學到如何避免受傷的方法。所以我們應該要樂於看到孩子有搖晃的機會、有跌倒的機會。失敗不是我們想要避開就能避開的。成功並不是一路都獲勝的人生，而是能夠從挫折中迅速站起來勇往直前。

但並不是說因為失敗經驗很重要，我們就應該歡迎所有的失敗，失敗也有程度和規模的不同。為了培養孩子的復原力，應該要經歷最終可以取得成功的那種失敗。儘管跌倒了好幾次，但只要再努力一點就能把腳放在腳踏車的踏板上，必須擁有這樣的信心才有辦法真正站起來。我們把這稱為「安全的失敗」。

間接的失敗經驗也是必要的

失敗無論大小，都不是一件可恥的事，當然更不是壞事。比失敗更糟糕的是因為害怕失敗而不去挑戰，這才是問題。我們應該告訴孩子，每個人都會犯錯或經歷失敗。這個時候，我們可以分享身邊人遭遇失敗後依然獲得成功的故事。最棒的範例就是父母親身經歷過的事情，藉由我們的經驗，讓孩子間接體驗到因為失敗而開啟了一個嶄新的機會！

●●●

◎比起偉人傳記，父母的經驗更能讓孩子感同身受

一九九七年寒冷的冬天，當時還是國中生的我，和家人一起把裝著必需品的簡單行李搬到貨車上，搬家到另一個地方。當時的經濟狀況不允許我們叫一輛更大的卡車，但就算

我們能帶走更多東西，新家也沒有地方可以放。

貨車開了好一段路之後，終於到了我們要住的地方，由於新家的通風不良，壁紙上的膠水味非常濃烈。我父母在前一天晚上就已經來過了，是他們親手在舊的壁紙上又貼了新的壁紙。剛貼上的壁紙給人的感覺就像是在紙箱上隨便黏了一些白色A4紙。父母努力想要掩飾這個家破舊不堪的心情，也像那張壁紙一樣緊緊貼在那裡。

住進這間小公寓不久，我們又不得不再次搬家，這次搬到了一個更小的套房公寓。一九九七年韓國因為IMF（國際貨幣基金）外匯危機，不僅我們家，大多數的一般家庭都過得非常艱辛。我父親原本經營一家生產汽車零件的中小企業，但由於合作公司破產而受到波及。父親不得不開始接一些臨時工，母親也出去打零工。那時我的學習成績也掉到了班上的中下段。

我當時站在人生的十字路口，是要繼續走下坡路，還是要重新振作起來呢？我不能就這樣停滯不前，然而我並沒有可以上補習班的條件，而且那時候也不像現在這樣有免費線上課程，那時候的我真的只能靠自學。在全家人都睡著之後，我坐在房間裡，憑藉著一個小小的檯燈努力學習。遇到不懂的問題，我就跑去教務處尋求幫助。幸運的是，我的成績慢慢地開始變好。

有一天，班導師對大家說：「班上有沒有家庭經濟狀況不好的同學？學校基金會要提供獎學金。大家都閉上眼睛，想要申請的舉手。」

我毫不猶豫地在一秒內舉起了手。

「好，大家都張開眼睛。河榆丁，跟我來教務處。」

班導師離開教室之後，張開眼睛的同學們都看著我。

「榆丁啊，你還好吧？老師都要那樣公開叫出名字的話，幹嘛叫大家閉上眼睛啊？」朋友們一邊走出教室，一邊對我說出一句又一句安慰的話。我覺得沒什麼，反而為自己能夠毫不猶豫地舉手感到驕傲。我在這個貧困的環境下站了起來，所以這份獎學金就像是禮物一樣回報了我。那天我媽媽在洗手間開著水龍頭，哭了很久。

●●●

那個時期的我經常覺得沮喪，也有很多時候感到生氣，有時候全家甚至會緊緊地抱在一起哭。現在回顧過去，那時我為了脫離逆境而更加努力地學習，也更加努力地工作。對我的孩子來說，我童年發生的事就像一則有趣的老故事。儘管這聽起來像是很久以前的事，不過因為這是媽媽的故事，所以他們更容易感同身受。

有一天，我偶然間看到大女兒的國語課作文「我的偶像」。開頭先描述了媽媽經歷失敗的苦澀，到最後用甜蜜的滋味來結尾，這讓我覺得大女兒似乎也間接地體驗到了人生的苦與甜。

●●●

面對不喜歡輸的孩子，你可以這麼做

在一場桌遊中，某一組一年級的孩子們無法繼續玩下去。

「老師，泰勳不想玩遊戲。」

在遊戲裡輸了的泰勳，已經因為鬧彆扭而拉著椅子坐在一旁，離同學們很遠。

有些孩子不論玩什麼遊戲，一旦輸了就會發脾氣或大哭一場。有每次只要玩桌遊輸了，就會以悲劇收場的孩子；也有在班級小組活動中因為輸了而鬧彆扭、一不高興就退出的孩子。我的大女兒也是這樣，她太過好勝，非常討厭輸的感覺。雖然在學校都表現得很乖巧，不過在家裡就會露出本性，無論如何都想贏，所以家人之間一起玩桌遊的時候，偶爾會結束得不太愉快。

◎引導孩子正面競爭的遊戲方法

在競爭中獲得勝利很重要，但更重要的是將結果當作一次成長的機會。勝利或失敗的經歷固然重要，然而透過失敗再次站起來的經歷也同樣重要。當然，要讓孩子接受失敗的結果不是一件容易的事，那麼面對這種情況，父母應該如何應對呢？

①在玩遊戲之前先制訂好規則

玩遊戲的時候，無論輸或贏都很有趣。如果在遊戲中太過強調輸，孩子就會認為只有贏才是好的。健康的競爭應該是要享受過程，而不僅僅是為了贏。在開始遊戲之前，應該讓孩子知道以下的規則：

「遊戲即使輸了也很有趣，贏了也很有趣。應該要公平競爭，不管是輸還是贏，都要玩得開心！」

②玩根據機率（運氣）決定結果的遊戲

假如孩子太過於在乎輸贏，那麼可以選擇結果由機率決定的遊戲，讓他們學習接受每個人都會有輸有贏的事實。比起用個人能力決定勝負的遊戲，這類型的孩子更容易接受結果是由機率決定，像是剪刀石頭布、丟骰子、爬梯子或是用抽籤決定的遊戲。我們可以透過機率遊戲，讓他們實際體會每個人都有可能是勝利者或是失敗者。

「剪刀石頭布這個遊戲不是能力決定的，是靠運氣。媽媽有可能贏，你也有可能贏。」

③玩根據個人能力（實力）決定結果的遊戲

經過機率遊戲讓孩子練習接受輸的結果之後，可以進一步玩根據個人能力決定結果的遊戲，體驗各種勝利或失敗的經驗。但是同樣在玩之前，應該依照實力或能力制訂遊戲規則，例如雙方下圍棋或西洋棋的程度不同時，一方可以先讓出幾步；要長時間比賽跳繩時，父母這方可以先開始跳一分鐘；要比賽跑步時，可以設定不同的起跑線；打羽毛球時，可以讓爸爸和女兒一組、媽媽和兒子一組，或是媽媽一個人和兩個孩子對打等等。必須根據能力的不同制訂規則，孩子才會認為這場遊戲是公平的。

「爸爸的腳比較長、跑得也比你快一點，所以我先讓你五大步的距離。」

④不需要故意輸給孩子

有許多父母擔心孩子在遊戲中輸了會失去自信，所以會選擇故意輸給孩子。然而故意輸給孩子其實是在無意間告訴孩子，只有贏才是好的。我們別讓孩子成為一個每場遊戲或競爭中，都期望對方輸給自己的大人。在真正的競爭中，每個人都會盡全力認真比賽。和朋友一起玩遊戲或比賽的時候，沒有人會故意輸給對方，因此和父母一起玩遊戲時也應該要公平競爭，彼此都盡全力之後接受是輸還是贏的結果。

「故意放水或故意輸給你的話，比賽就不公平了。媽媽會盡全力，你也要加油喔！」

⑤體會對方的心意

透過和其他人比較所帶來的優越感或自卑感，對孩子來說都是毒藥。應該引導他們公平地享受遊戲，並互相鼓勵才行。要讓孩子學到：如果自己是勝利者，就要對失敗者有同理的心情；如果自己是失敗者，就要真心地恭喜對方。

「我們玩遊戲時都有好好遵守規則，所以我們都是第一名。不管是輸還是贏，只要玩得開心就是勝利者。」

⑥面對勝敗時展現出明智的態度

面對孩子的勝敗，父母的態度也十分重要。當孩子在競爭中成為勝利者或失敗者時，父母應該有怎樣的反應呢？

◎如何看待贏得比賽的孩子

如果父母過度稱讚孩子的勝利，孩子可能會產生優越感。這種因為和別人比較而產生的優越情結，到了孩子在競爭中失敗時，就會像硬幣翻面一樣瞬間變成自卑情結。對結果過度稱讚是有害的。不論輸贏，我們可以針對孩子努力的過程給予稱讚，可是也不能一直給予稱讚的話。要是覺得調整稱讚的強度很困難的話，那麼說出一句簡單的恭喜就夠了。

「你一定很努力吧！真的恭喜你。」

◎如何對待輸掉比賽的孩子

在比賽中失敗當然會覺得難過，可是也需要知道：只要自己盡了最大的努力，就應該為此感到自豪。結果並不會總是如我們的意，即使竭盡全力去做也會有輸的時候。因為失敗而覺得失望或挫敗是可以被接受的，但必須避免這種情緒繼續加深，轉化成自我貶低或自我憎恨。就像提前接種疫苗一樣，我們需要培養孩子的復原力。

①同理孩子失落的心情

當孩子在一場競爭中輸了之後回到父母身邊時，首先要懂得解讀他的失落。

「失敗了很難過吧？任何人都會感到難過的。不過你已經盡了最大的努力，這比贏得比賽更值得驕傲。你努力過了，下次一定會做得更好。」

②讓孩子接受實際的結果

需要讓孩子懂得謙虛地完全接受實際的結果，不將結果過度誇大或是刻意輕描淡寫。我們可以藉由這樣的機會和孩子一起分析有沒有哪些地方做得不夠好、競爭對手的優點是什麼，以及下次怎麼做能夠取得更好的成績等等。透過健康的競爭，孩子可以獲得失敗的機會，以及重新站起來的機會。我們要告訴孩子，失敗並不是一件需要鬧脾氣或生氣的事情，公平競爭的經驗本身才是最重要的。

「下次我們可以運用什麼樣的策略？對手的策略效果怎麼樣？我們要不要試著用新的策略再試一次？」

只注重結果的人生，無論是對孩子還是對大人而言都會相當艱難。當孩子懂得認定自己盡全力去做的過程，也願意接受實際的結果，父母就應該要告訴孩子他已經有了很棒的成長，也要相信他們將來會做得更好，並給予絕對的支持。

復原力的支柱，來自於願意信任的父母

孩子需要一個信賴並支持他的人

如果說復原力的第一個必要條件是失敗的經驗，那麼第二個必要條件就是在任何情況下都給予信任的「父母」。不過就像我們之前看到的，對民宇來說他只有一個施暴的父親，並沒有真心相信並守護他的父母。沒有可靠的父母在身邊是一個致命的缺失，但即使如此，民宇依然堅強地長大成人，或許有人因此認為給予支持的父母並不是一個必要條件，然而就民宇的情況來說，是學校老師和同學們代替父母給他足夠的支持和鼓勵。

在困難的時候，會需要身邊有人填補那個缺口。如果這個位置是由父母來填補當然是更好的，但是在民宇最艱難的那兩年裡，我和班上的同學能夠稍微填補他的空缺，這對我們所有人來說都是很幸運的。

有些孩子即使處在惡劣的環境下也成長得很好

一九五〇年代，在貧困且孤立無援的夏威夷考艾島（Kauai Island）上進行了一場大規模的橫斷面研究（在特定的時間點收集數據，調查研究對象的行為或現象）。考艾島的孩子們因為沒有受到良好的學校教育，在惡劣的家庭環境中度過了成長期，因此青少年犯罪率非常高。尤其追蹤了六四％屬於高風險族群的孩子（家庭失和、父母智力障礙、藥物濫用、單親家庭或由祖父母撫養等），發現他們在成年之後仍然過著最糟糕的生活。

那麼剩下的三六％的孩子怎麼樣呢？這三六％的七十二人在學業、人際關係和品格方面都有所成長。這群人能在如此艱難的環境下好好成長的原因是什麼呢？

儘管他們各自面臨的環境略有不同，但他們都有一個共通點：在成長期間，至少有一個人無條件地理解並接納他們的立場。無論這個人是媽媽、爸爸、奶奶、老師或是鄰居，在他們成長的過程中身邊都有人給予關心和支持，讓他們能夠克服困難。

美國社會學家特拉維斯．赫胥（Travis Hirschi）也認為，不是所有在惡劣家庭環境下成長的孩子都過著不幸的生活。赫胥發現，在艱辛的家庭環境中仍然好好成長的孩子都有一個共同點，那就是他們的社會鍵（social bond），指個體與社會結構或其他人之間的連結都很好。這些孩子會為了保持良好的社會連結關係而不去做偏差的行為。即使處於最壞的環境中，卻有人珍惜自己並對自己有所期待，這點成為了他們最強大的心理支柱。

應該由父母成為支柱的原因

媽媽、爸爸、奶奶、爺爺、老師、朋友……誰才是最適合給予孩子溫暖安慰的人呢？儘管這可能會依照孩子所處的情況而有所不同，但首要的人絕對是父母。現在的我們不就正在努力透過閱讀、學習，希望將來能夠培養出一個好兒子、好女兒嗎？無論別人怎麼說，成為孩子堅強支柱的首要選擇都是父母。當父母沒辦法擔任這一角色的時候，才會需要有其他人來代替。

現在的我們完全可以信任並保護自己的孩子。一個可以給孩子溫暖慰藉的人、一個可以充分滿足孩子內心安定感的人，和這個人之間相處的回憶將成為孩子復原力的來源。假如孩子內在的心理特質，以及克服挫折的最大助力就是身邊的人，那麼我們應該樂意承擔起這樣的角色。

這意思並不是要清除孩子前進路上的所有障礙，也不是說每次孩子跌倒的時候都要立刻幫助他站起來。而是指我們必須在一旁給予支持和鼓勵，在孩子跌倒時讓他有力氣用自己的雙手撐起自己並重新站起來。讓我們一起成為孩子最堅強的支柱吧！即使孩子置身在波濤洶湧的險峻大海上，也能乘風破浪、抬頭挺胸地走出自己的路。

●●●

以前有一個小孩，他小時候學校的成績非常糟糕，和朋友們之間也相處得不好。有一天他帶著成績單回家，成績單上寫著：

「這位同學將來無論做什麼都不可能成功。」

當他媽媽看到這樣的話之後，對垂頭喪氣的兒子說：

「孩子，不要失望。你擁有與別人不同的、非常特殊的能力。如果你和其他人一樣，怎麼能夠成功呢？」

●●●

這是天才物理學家愛因斯坦的故事。儘管他拿到了一張很差的成績單，但他的父母並沒有責備說「你為什麼只能做到這樣？」，反而認同他與眾不同之處、給他莫大的鼓勵，成為了愛因斯坦強大的支柱。我們不應該評論孩子的負面情緒或行為，而是應該要認定他原本的樣子並給予鼓勵。

我也深切地知道，雖然理智上可以理解，但情感上要做到這一點並不容易。即使如此我們還是必須不斷提醒自己，對孩子來說，比起只是指引方向的父母，能始終給予支持的父母才是更重要的。

面對總是在乎父母情緒的孩子，你可以這麼做

考試結束後，孩子們都歡呼著表達自己的喜悅。然而到了像是解放慶典的放學時間，卻有兩個孩子沮喪地趴在書桌上。問他們沮喪的原因時，得到了類似但稍有不同的答案。

延宇：「我今天考試考砸了，我好擔心媽媽會覺得很失望。拜託不要告訴媽媽。」

正淵：「我今天考試考砸了，我好擔心媽媽會罵我。拜託不要告訴媽媽。」

在這兩個孩子當中，有其中一個人正處於媽媽給的煤氣燈效應之中。那麼在延宇和正淵之間，誰才是處在煤氣燈效應之下的孩子呢？

◎孩子不願意告訴媽媽的兩種心情

乍看之下或許會覺得延宇是一個懂得同理媽媽心情的懂事孩子。但實際上，延宇更關心的是媽媽的心情，而不是自己的心情。也就是說，這表示在延宇心中情緒的主角其實是媽媽。儘管看起來會覺得延宇是一個同理心很強的好孩子，但也有可能是他已經在沒有意識到的狀況下受到煤氣燈效應的影響。相反地，正淵情緒的主角是「我自己」。「我自己」因為害怕被罵而出現擔心的心情，這是非常自然的。

在這種情況下，比起擔心媽媽的心情，孩子更應該要先注意自己的心情才對。那麼面對孩子考試成績很糟的時候，身為家長的我們應該如何回應呢？

媽媽A：「因為你考得不好，所以媽媽很失望。」

媽媽B：「找出你的不足，下次考試你會做得更好。加油再努力吧！」

各位覺得以下列舉的一些話聽起來如何呢？

「因為我們是一家人嘛！」
「因為你是姐姐（哥哥），你應該要理解才對。」
「這都是為了你好。」
「只要聽媽媽的話，一切都會越來越好的。」
「你知道我們是怎麼栽培你的嗎？」
「你怎麼可以對媽媽這麼做？」
「因為你是個好女兒（兒子）啊！」
「會為你感到擔心的只有媽媽而已。」
「這是因為愛你才這樣做。」

我們是不是經常對孩子說這樣的話呢？上述的這些話當中忽略了孩子的情緒，只賦予了他們角色和責任。這些話同時也是父母把願望投射到孩子身上，想讓孩子服從的話。

持續受到煤氣燈效應影響的孩子會一直懷疑自己，對自己失去信心。因此他們會不斷地問父母「我做得好嗎？」、「這麼做是對的嗎？」，把判斷這件事交給父母。就算父母提出了不合理的要求，孩子也會嘗試去完成，而當他們無法完成時就會覺得自己很沒用、像是做錯事的壞孩子，不斷自責而倍感煎熬。

煤氣燈效應不只會發生在男女的感情關係中，也經常出現在父母與孩子之間。由於在親密關係當中往往會先感受到「依附」和「愛」的情緒，所以有時很難分辨對方當下的行為是不是屬於煤氣燈效應。為了避免無意間做出煤氣燈效應的行為，我們應該考慮這個情緒的主體是誰，如此一來就能比較容易分辨。在說話之前先想一想這句話是不是先考量了父母的情緒，以及會不會因此讓孩子深感內疚。

「我希望你幸福。」

期待我們孩子感到幸福，不是因為他們扮演了什麼角色、擁有什麼能力或用處，而是單純因為存在就感到幸福。父母這樣的態度對孩子來說就是最堅強的支柱。我們必須小心提防那些偽裝成愛與關懷的煤氣燈效應行為。

面對不喜歡玩伴的孩子，你可以這麼做

二年級的理夏和明煥都很活潑，從開學的第一天開始他們就會對彼此「說悄悄話」、一起「吵吵鬧鬧」，是很要好的玩伴。明煥常常沒有經過理夏的允許就拿走他的鏡子照他的臉，或是叫他的綽號、笨拙地表示關心，而理夏則經常帶著一副不明就裡的表情打明煥的背。

幾天後，在體育課上要分組玩投球遊戲時，理夏說想跟明煥兩人一組，明煥也開心地答應了。正當他們兩個投球投得很開心時，突然我聽見了理夏的哭聲。原來是明煥投的球打到了理夏。幸好那是兒童用的橡膠球，所以理夏並沒有受傷，明煥也立刻道歉，事情就這樣解決了。

不過那天下午，理夏的媽媽傳來一則簡訊要求我幫忙調整分組。理夏媽媽說明煥從小就經常引起問題和意外，社區裡的每個人都知道，還說理夏覺得跟這樣的孩子成為玩伴太辛苦了。雖然只要再過一個星期就會更換玩伴，但理夏媽媽希望隔天就要換。

隔天我立刻幫忙調整了跟理夏一組的玩伴，可是理夏媽媽對新的玩伴依然很不滿意。

又過了幾天，理夏媽媽再度傳來一則簡訊，這次的內容是要求指定座位和玩伴：「請讓他和正炫坐在第二小組的第二排。」理夏媽媽就這樣不斷地提出許多要求，最後透露出對學校的不滿，便讓理夏轉到了附近的另一所國小。

●●●

父母應該是孩子身邊不會動搖的支柱，堅固穩定地守護孩子，但是不需為他們清除每一個失敗和障礙。然而，理夏的媽媽不是這樣的支柱，而是典型的「除草機父母」。只要認為孩子的朋友不合心意，就會代替孩子生氣；若覺得不滿意，就會幫忙更換座位；一旦認為學校有太多的阻礙，也會毫不猶豫地改變環境，直接讓孩子轉學。這比起不斷圍繞在孩子周圍監視的「直升機父母」，更是有過之而無不及。

不喜歡的玩伴、不想要的座位、被橡膠球打到而難過，這些對於一個二年級學生來說都只是普通的挫折。媽媽卻用家長的力量直接清除所有問題，這樣對孩子真的好嗎？

看到理夏和明煥的案例，或許會覺得：「這位媽媽實在是太過分了。」但是其實很少有父母能在看到小孩的玩伴太過調皮、不喜歡自己的座位、或是和朋友爭執的情況下依然保持平靜。當然也並不是每位家長都會像理夏的媽媽一樣選擇介入處理。在這種情況下，到底我們應該如何應對才是明智的呢？失敗（事件）的嚴重程度，決定了父母介入的程度。

◎「我跟不喜歡的同學坐在一起」

班級裡的座位會定期更換。即使我們後退一步觀察孩子，也不會有什麼太大的問題。假如過了一段時間之後，同桌的同學還是沒有調整的話，孩子也可以直接向班導師反應。

「老師，我已經連續兩個月都和〇〇坐在一起了。我希望能和其他同學坐在一起。」

◎「同學取笑我、欺負我」

家長送孩子去上學的途中，可能會聽見孩子這樣的心聲。雖然很常見，但是當這件事情發生在自己的孩子身上時，就很難忽視它。介入孩子們之間的爭吵可能看起來很幼稚，然而事實上這不只是會讓孩子，也是會讓父母擔心的問題。

不能只是簡單地當成「孩子之間的玩笑」。用言語或表情取笑別人的行為，確實是一種暴力。如果孩子被取笑的時候覺得這沒什麼，可以一笑置之也罷，但孩子一旦在身體或心理上受到了任何一點傷害，就需要讓他知道這是一種暴力行為。

①仔細觀察孩子的感受

如果孩子覺得這只是一個玩笑，那就建議他先觀察看看。相反地，如果他在身體或心理上受到了傷害，那麼父母就需要積極介入。

②讓孩子直接向對方表達自己的感受

介入並不是父母一定要捲起袖子，直接跳進去處理。經歷不舒服的當事人是我們的孩子，我們的首要任務應該是鼓勵孩子，讓他有勇氣自己試著解決問題。孩子上幼稚園時，父母的確需要積極介入幫忙調解衝突，但如果孩子已經上了國小，就應該給予幫助、讓他們可以直接說出自己的想法。

「你叫我豬的時候，我覺得很不開心。希望你以後不要這麼說。」

要明確地表達意見，且保持冷靜。要是邊哭邊說、或是邊生氣邊說的話，真正的想法可能會被情緒所掩蓋。

③直接告訴班導師

很多時候，即使直接對欺負自己的同學說了也沒辦法解決問題。在這種情況下，應該要教孩子把所有情況告訴班導師。如果孩子擔心被當成告密的人，也可以用文字書寫的方式交給老師。

④向班導師諮詢

萬一孩子已經告訴班導師，同學還是沒有停止欺負人的話，這時候父母就應該要求和班導師當面討論。明確告訴老師情況並沒有獲得改善，孩子仍然覺得很痛苦，並請求老師更積極地給予指導。校園暴力都是從小小的欺負和排擠開始的。在關係變得太疏遠之前，需要給予積極的關心和指導，讓霸凌事件不再繼續惡化下去。

◎「我被同學丟的球打到了」

在學校的體育活動中，很常會玩球。而且不僅在體育課，有時候連在下課期間，孩子們也會分組玩躲避球或足球。玩球時可能會被球打到，也的確有很多孩子被打得很痛。在這種情況下，應該根據對方是不是「故意打人」來決定要不要介入。

如果對方並不是故意的，只是在玩遊戲時不小心，那麼讓對方道歉之後就可以繼續遊戲。適當地安慰孩子，不需要讓孩子覺得事情非常嚴重。相反地，假如很明顯是對方故意的行為，就需要積極地介入並解決，同時請求班導師的協助。

◎「同學一直要我借錢給他」

老師們總是告訴學生不要帶太多錢到學校。因為在學校、還有上下學的途中都不需要用到很多錢，身上帶著一大筆錢反而容易捲入不好的事。除了我們想像中「會不會牽涉到恐怖的犯罪行為？」這種狀況，學校裡也有可能會出現複雜的金錢關係。

低年級的學生單純出於好奇、或是忍不住想要立刻擁有的心情，往往會用「給我一個就好」的這種感覺向同學說「借我五十元就好」。有時候甚至還會直接拜託同學在文具店幫他們買東西。如果這是對方單方面或習慣性的行為，可以先觀察再決定要不要介入。

反之，如果是高年級的學生，就算只發生一次也必須介入。因為這絕對不是單純出於好奇心才發生的。都已經到了可以明確判斷對錯的年紀，卻還是會找同學借錢、或希望同學代買遊戲裝備的話，這就是需要被指導的問題行為。在這種情況下應該確實告訴對方「不可以」，也一定要通知班導師。

家長平常就需要教導孩子，萬一遇到這種事情要直接向朋友和班導師反應。如果孩子年紀還太小、或表達能力還不足，由父母代為轉達也很好。不過要注意的是，無論在什麼情況下都不應該直接聯絡對方家長，因為這樣往往只會讓彼此情緒更加緊張，沒有辦法真正解決問題。讓班導師成為中間的調節者來處理事情，才是明智的選擇。

◎「在群組裡同學們都排擠我」

在學校裡發生排擠的情況，班導師都會有所察覺。但如果是在通訊群組或社群媒體上不明顯的排擠行為，班導師就較難察覺。遺憾的是，比起面對面的實際衝突，近來在網路上的衝突，像是在群組或社群媒體上出現的矛盾，正呈現不斷上升的趨勢。

儘管減少使用群組或社群媒體可以減輕問題，可是很難強制做出改善，因此還是需要讓孩子事先知道萬一遇到問題時該如何應對。假如在群組或社群媒體上被排擠或受到傷害，應該截圖後告訴班導師。排擠的問題很難由孩子們之間自行解決，所以最好讓老師介入處理。

身為父母，我們都希望能為孩子付出一切，保護他們免於受到所有的危險和逆境。然而我們也必須反問自己，讓孩子不用動任何一根手指就可以吃飽、穿暖，像是魔法一樣給予孩子所有幫助，這樣是不是真的能讓孩子擁有正面積極的結果。父母過度干涉只會剝奪孩子難得的失敗經驗。即使我們很想介入也再多忍耐一下吧，孩子可以靠自己克服困難，讓我們閉上眼睛，給他一個機會。

復原力需要休息才能充電

稍微休息一下也沒關係

每個人都會經歷失敗和逆境，可是如果認為時間會讓一切好轉而忽略了這些經歷，就有可能會削弱重新站起來的力量。失敗的傷口不一定會自動癒合，假如沒有正確地克服它，反而會留下更深的傷疤。明明覺得痛苦卻因為是孩子青春期所以放著不管，這樣的想法相當危險。

今天的我們也站在喜怒哀樂的某一個交叉點上。在生活的快樂和痛苦之間，充滿了大大小小的壓力。這不是只有大人會這樣，所以不能因為我們覺得孩子的事都只是「芝麻綠豆般大」，就忽略了孩子的情緒感受。

根據最近的調查，韓國每十萬人中有將近二十七人自殺，青少年占了九人，自殺率全球排名第五（編按：台灣自殺率亦創近十四年新高，總數達到三八九八人，十四歲以下廿四人，年增百分之三）。現在有許多孩子，即使還不到自殺的程度，仍然必須面對充滿不確定的未來、嚴重的學業壓力、人際關係和家庭矛盾等內外壓力。

孩子們在面對失敗的壓力時，也需要一段可以找回身心穩定的「休息」時間。與其要孩子立刻站起來，不如給他們一句安慰，告訴他：「稍微休息一下也沒關係。」不論是大人還是小孩，在失敗之後都需要適當的空間來重新充電。我們不需要因為失敗而覺得自己落後，還因此不斷催促自己。這時候的我們，需要放空的休息時間，甚至是一兩天什麼都不做的空間。

當別人家的孩子都在前進時，也別焦急地認為只有自己家的孩子還停留在原地。如果要孩子什麼都不做反而會讓他感到壓力的話，那麼建議可以讓孩子去閱讀和運動。閱讀和運動是能讓人在壓力情境下快速找回安定感的方法。不管是放空、閱讀還是運動，都要記住：「休息一下也沒關係」。

面對動不動就道歉的孩子，你可以這麼做

我和三年級的孩子們一起吃午餐時，秀英把餐盤拿到我面前，突然對我說：「對不起。」我問：「你為什麼說對不起呢？」她指著盤子裡剩下的菠菜說：「因為我沒有把菜吃完。」我說：「剩下食物不是你需要覺得對不起的事，下次多吃一點就好了。」

●●●

有些孩子對於自己的錯誤或失敗特別容易感到抱歉。即使飯菜沒吃完並不是一個很大的錯誤，秀英仍然會說她很抱歉。還有很多類似的情況。有的孩子畫畫出錯時會說：「老師對不起，我失敗了。」有人打翻餐盤時會說：「老師，對不起。」有人沒有做完家務時也會說：「媽媽我沒有按照計劃去做，對不起。下次我會做得更好。」

「對不起」是一個道歉的詞，道歉是要請求對方原諒時會用到的話。但是上述這些情況其實都不需要道歉，也不需要求得誰的原諒。畫畫失敗了就重新畫，打翻了餐盤時擦乾淨就好。孩子們本來就會有犯錯、失敗的時候，父母不應該是原諒他們錯誤的人，反而應該是鼓勵他們再次嘗試的人。

不要跟孩子說：「媽媽不是叫你要小心嗎？你不夠小心才會每次都犯錯。這次我會原諒你，下次就不會再原諒你了喔！」應該說：「這不是一件需要被原諒的事。只要再做一次就好了，之後就可以減少犯錯。這是一個新的機會，再試一次吧！」

我們應該幫助孩子不要因為犯錯或失敗而感到內疚。請告訴孩子：「每個人隨時都有可能犯錯，每個人都可能會失敗。重要的是重新再挑戰一次。」不要把錯誤看成一件壞事，這樣會讓孩子很難願意再嘗試。什麼都不做的話當然不會有任何失敗，但是這樣的生活和失敗的人生就沒有兩樣了。

面對什麼都不想做的孩子，你可以這麼做

「老師，我不想做。」

有些孩子在開始任何活動之前，都會先告訴我他不想做。

不論是舉手發言、新的遊戲活動、跳繩等，這些孩子在還沒嘗試之前就搖手表示自己不會。可能是因為他們天生敏感、焦慮程度比較高，不過也有可能是擁有完美主義傾向。

面對這些什麼都不想做的孩子，他們需要的是「認同」和「等待」。

◎給予認同

「我讓你學鋼琴，還送你去美術學院，為什麼你說你不會？別人都可以做到。你應該要認為自己可以才對啊！」這句話聽起來像是給予「認同」嗎？乍聽之下好像是支持和鼓勵，但實際上其中隱含著父母對孩子投入的物質付出，還有和別人之間的比較。

當父母急切地推著孩子前進時，通常不會帶來好的結果。首先，要給予他們認同。不問「為什麼不會？」而是說：「也有可能會這樣。」、「媽媽小時候也是這樣。」、「原來你今天不想做啊！」像這樣表達認定的態度。

◎等待

接下來則是等待。可以告訴他們：「當你有勇氣時告訴我。」、「媽媽會等你。」、「媽媽以前在挑戰的時候也覺得很困難，但做完之後發現其實並不難。」

◎判斷孩子是不是需要幫助

在給予認同和等待之後，需要判斷孩子當下的情境是不是需要幫助。

「媽媽，明天有數學考試，我不想去學校。」如果孩子因為害怕數學考試而不想去學校，我們可以認同孩子的心情，例如說：「原來你是擔心數學考試啊！」那接下來我們該怎麼做呢？光是說：「沒關係，我會等你。」就可以了嗎？好像有哪裡不妥對吧？在等待之前需要先給予「幫助」。

必須客觀看待孩子想做得好卻做不到的實際情況。如果有需要幫助的地方，我們應該主動提供協助。例如，數學是一個層層推演、前後連貫的科目，這也是許多學生在那麼多的科目當中會選擇放棄數學的原因。假如孩子當下在學習上有缺口的話，必須先填補這些部分，然後才能進入下一階段。單純的等待並不能解決問題。

「除法很困難對吧？今天我們先學乘法，明天再學除法怎麼樣？要不要幫你買一本新的練習本？選一本你喜歡的吧！」如果孩子遇到需要幫助的情況，我們應該主動提供幫助，然後再耐心等待。

復原力是學習的集大成

學習是最安全的失敗經驗

我一直反覆提到，想要培養復原力，就絕對需要有失敗的經驗。這時的失敗經驗必須是「安全」的失敗經驗才行。當我們站在孩子的角度上時，什麼樣的失敗經驗才是安全的？儘管每個孩子都各不相同，不過許多孩子都可以從學習經驗中找到安全的失敗經驗。

通常提到學習經驗時，我們只會想到像課業或考試，但其實學習任何的事情都包含在這當中。學走路、騎腳踏車、基本運算、外語、料理等等，不論是大人還是孩子，人們都會在學習的過程中經歷嘗試和錯誤，並從中成長。換句話說，人們在學習中經歷失敗的過程，並在這過程中將知識和技能內化到自己身上。

然而，有些父母卻用相反的方式幫助孩子學習，他們會確保孩子絕對不會犯錯。雖然短期內這的確可以幫助孩子答對更多的題目和減少錯誤，並帶來即時的分數進步；可是這不能保證孩子在真正重要的考試中也能得到好的結果。假如想幫助孩子學習，就必須允許他們失敗、犯錯，而且也要給他們機會，用自己的力量改正錯誤。

超前學習是復原力的敵人

近年來不分任何年級，超前學習似乎已成為一種標準。許多人說國小三、四年級的孩子應該學習五、六年級的課程，而五、六年級的孩子應該學習國中的課程。為什麼父母會覺得必須讓孩子超前學習呢？我們首先可以想到的原因就是「怕孩子落後」。

當所有人都在超前學習，而我們的孩子仍然停留在目前的進度上，在別人的眼中顯然就算是落後了。在國小只有少數的考試會用百分等級（Percentile Rank，PR值）計分，所以會把「你現在學到哪一年級、哪一個單元的數學了？」這樣的問題當成一個評估學習成果的指標。這使得人們認為「能力＝進度」，於是超前學習就變成了「基礎學習」。

問題是，幾乎沒有任何孩子能夠在超前學習中好好吸收，大家都只是急著趕進度而已。過去二十年，在我見過的無數學生中，只有不到五個學生，讓我覺得他們停留在當前的進度是浪費時間，數量非常稀少。那不到五個的學生具備了以下的條件，除非我們的孩子也完全符合條件，否則建議還是按部就班學習。

①他有自發的學習動機嗎？

當孩子會說：「我還想學下一個單元。」並且在沒有人吩咐的情況下，主動去尋找學習資源，自己查找下一單元的數學內容，或深深沉浸在英語閱讀中，自發性地閱讀原文書，這就說明他有自發的學習動機。但如果只是因為父母或補習班督促而勉強超前進度，就會很難看見超前學習的效果。

②他能夠有條理地解釋所學的概念嗎？

我們需要確認的不是「他會解題嗎？」，而是「他了解概念嗎？」。例如，孩子不用看著課本，也能夠很有條理地解釋所學的內容，這樣才算是真正了解這些概念。

反過來說，就算孩子沒有完全理解數學公式的推導過程和概念，只要記住公式，看到基本的概念題時，還是可以把數字代入公式算出答案。假如把會解數學公式的問題，當成孩子已經理解三次方程式、根和係數之間的關係，從某一刻開始，就會變成進度是進度、理解是理解，兩者越行越遠。

③他能保持對學校課程的興趣嗎？

即使在學校教到已經學過的內容時，孩子依然可以保持興趣繼續學習，這樣的孩子才適合超前學習。但許多孩子看到他們已經學過的內容（以為自己已經懂了）時，就會覺得非常無聊。想像一下，假如我們邊打瞌睡邊看完了一部電影，要是還要再重看一次，肯定會覺得無聊，這是同樣的道理。

④他能夠消化學習的分量嗎？

超前學習意味著學習量增加了兩倍以上。通常學生會在學校學習目前進度的內容，在補習班學習超前進度的內容，這兩者都需要時間分別學習和消化。超前學習並不表示可以忽略目前學習的進度，不管是當前的學習還是超前學習，兩邊都需要預習和複習。只有當孩子能夠完全消化這些學習分量時，超前學習才能達到預期效果。

⑤當前學習的成就已經接近一百%了嗎？

只有在孩子當前的學習表現接近完美時，才可以進入下一個階段。如果孩子在數學上依序從基礎→應用→深化（如果可能的話，發展到思考能力）都做得很好、沒有太大問題的話，就可以考慮進入下一個階段。假如在當前的學習中遇到了困難，那麼應該要重視學習的「深度」而不是「速度」。因為這表示孩子沒有時間回顧之前學過的內容。

⑥在學習、閱讀、運動、寫作、休息時間之外，還有空餘時間嗎？

這個問題是要了解孩子是不是專注於當下。如果孩子在學習、閱讀、運動、寫作、休息之後還有空餘的時間，而且「完全」滿足前面提到的五個條件，就可以考慮讓孩子超前學習。

◎超前學習可能會成為孩子難以承受的失敗經驗

六年級的在璟是一個不需要額外補習，就能保持頂尖成績的孩子。在父母的建議下，在璟決定為私立學校的入學考試做準備，並在六年級暑假前報名了補習班。這是因為周圍的人都建議，如果要跟上私立學校的課程，就需要超前學習。然而從那時起，在璟便失去了學習的方向。在璟忙著跟上超前學習的進度，不得不忽略學校的課業，而且他所有的下課時間都坐在書桌前拚命地寫作業，自然而然地，他和朋友的關係也變得越來越疏遠。加上學習的內容相當困難，大大打擊了他的自信心。他還沒有消化學習到的知識，就又必須持續增加新的內容，這讓他崩潰到幾乎都要吐了。結果那年冬天，在璟並沒有通過他努力準備的私立學校入學考試。

對在環來說，超前學習是一次難以承受的失敗經驗，因為他本來是一個不需要額外補習就能保持頂尖成績的聰明孩子。學習應該是最安全的失敗經驗，然而「安全」的前提是必須建立在孩子能夠承受的範圍內。

挑戰的程度只能比孩子目前的程度稍微高一點，而且分量應該是孩子在一定的時間內可以完成的，這樣孩子即使失敗了也能夠再次挑戰。只注重進度的超前學習有很大的機率不適合孩子的發展階段，最後孩子會經歷他們無法克服的學習失敗。這就是為什麼超前學習是復原力敵人的原因。

◎超前學習會讓孩子產生「我知道很多」的錯覺

許多父母都高估了自己孩子的能力。（同時也因為低估了孩子的能力而代替孩子做太多事，傷害了他們的主動性。）因此即使超前學習對孩子太過勉強，父母還是會誤以為這並不會太過困難。而且超前學習的孩子，也會誤以為自己已經了解所學的內容，這就是問題所在。當他們半瓶水響叮噹、誤以為自己知道得很多時，在課堂上的專注力就會急劇下滑。他們應當在學校花最多的時間學習，卻將這麼長又重要的時間都浪費掉了。

程度中上或頂尖的決定性因素，在於後設認知能力（Metacognition）。比起已經知道的內容，人更需要專注於自己不知道的內容並減少錯誤，才能進入頂尖的程度。要是誤以為自己知道某個概念，就會失去改正錯誤的機會。在這樣的情況下聆聽課程、推展進度的話，反而會在不知不覺中擴大學習的缺失。

◎超前學習會對後續學習產生既定觀念

有些父母會說，學校上課會再教一次，所以超前學習的時候只需要「隨便瀏覽一下」就好。我們看一部電影如果只是隨便瀏覽過去，就會覺得這部電影難以理解、很無聊，這樣我們還會想再看一次嗎？假如用這種隨便瀏覽的心態超前學習，就會覺得學過的內容像是「函數怪物」、「方程式魔鬼」，連帶對後續學習產生不好的影響。

◎當前學習是最優先的

如果因為各種原因，已經正在超前學習的話，就要注意不能忽略當前的學習。孩子可能會誤以為自己已經了解所有內容，而在上課時缺乏參與感或專注力下降。這時就會建議提供給孩子一些動機，讓孩子能夠在上課時間更專注。

◎應該充分利用學校課程作為學習的機會

假如已經在進行超前學習，就把學校課程當作複習時間來運用吧！在課堂上的時間，孩子可以回想已經學過的內容，並在十個學習項目當中，找出自己還不太了解的一兩項。與其因為覺得自己都懂了而浪費上課時間，不如專注在自己還不太知道的內容，藉由這個機會提升學習的完成度。

面對因為成績而挫折的孩子，你可以這麼做

開學後第一次正式考試的日子，教室內總是會瀰漫著一股奇妙的緊張感。在第一節課開始之前，孩子們已經迫不及待吵著希望快點寫考卷。因為大家從昨天晚上一直到今天早上都和爸爸媽媽一起做了密集的考前訓練，所以希望趁著記憶猶新的時候趕快完成考試。孩子們也知道如果帶著一種懸在半空中的心情考試，反而會讓自己的專注力下降，所以從第一節課開始就飛快地寫考卷。

每個孩子對考試結果的反應各不相同。得到滿分的孩子會自豪地大聲宣布自己的分數，並對其他孩子的分數表示關心。而得分低於預期的孩子會感到沮喪，悄悄地將考卷塞進抽屜或揉成一團怕別人看到，有的孩子甚至還會把考卷撕毀。不僅是低年級的孩子，高年級的孩子也會如此。當老師要求每個科目（尤其數學）的考卷都要讓家長確認的時候，有些孩子會偷偷撕掉考卷或是說自己弄丟了考卷，避免被父母檢查。那麼看到孩子對分數非常敏感的時候，我們應該如何處理呢？

◎分數不能成為成功和失敗的標準

我看著孩子們考試的情況，可以知道他們有多麼緊張、付出了多少努力，也知道當他們遇到自己寫不出來的問題、捲著自己的頭髮時有多麼焦慮。親眼看到他們的樣子，讓我意識到絕對不可以把分數當成評價孩子的標準。每個孩子都已經在自己能力所及的範圍中盡了全力，可是並不是每次都可以得到好成績。

「你因為沒有得到想要的分數而感到沮喪嗎？可是你『努力的分數』是滿分喔！你努力去做的這件事是最重要的。努力分數滿分的人最後一定可以得到自己想要的分數。你現在就做得很好了。」

努力和成績不會一直都成正比，即使努力了也可能得不到想要的分數，所以應該要學習接受這一個事實。不斷浮動的分數不能成為我們成功和失敗的標準，那只是每個當下的成果而已。無論是得到滿分還是六十分，只要他們認真努力了，就拍拍孩子們的肩膀給予鼓勵吧！這樣就夠了。

只需要讓孩子想著：「下次會做得更好的」、「下次應該要這麼做」，同時一點一點修正、補強就可以了。

◎應該更歡迎錯誤答案而不是正確答案

考卷上用來表示正確的圓圈，如果數量越多、畫得越大，就越讓人開心。有些孩子還會要求我畫一個超級大的圓圈填滿整張考卷，想要藉此炫耀他們的滿分。相反地，畫在錯誤答案上的斜線就沒那麼讓人喜歡了。所以有些孩子會在老師不知道的情況下，偷偷用橡皮擦擦掉那條明顯的紅色斜線，甚至擦破考卷。有些孩子則覺得他們已經更正了答案，所以拜託我把斜線改成圓圈。

寫題目並不是為了計算有幾題正確、有幾題錯誤，而是為了確認我們哪些內容已經清楚了解，哪些內容還不太清楚（這也是我不在考卷上寫分數的原因）。題目中如果只有自己知道的內容，即使全對也不是一件完全值得高興的事。出現錯誤答案才能確認自己哪裡還有不足並找到解決方法，才算是達成了寫題目的目的。從這個意義上來看，錯誤答案應該是比正確答案更受歡迎的存在才對。

一般整理錯題筆記本的時候，會在筆記本上依照科目，寫下自己寫錯的題目和解題過程。實際上真的開始整理，會因為錯題數量的不同而覺得這是件輕鬆、或是困難的事。這很正常，如果只有一兩道題目，重抄一次並寫下解題過程就不會太過困難，但要是數量太多，無論是誰都會覺得吃不消。儘管這是件有用的事，可是從孩子的角度來看，卻可能會感覺像是被處罰了一樣。這種時候，我們需要找出更簡單的方法。

整理錯題筆記本的目的是要填補自己學習有缺口的地方，藉此減少學習上的錯誤。只要能達到這個目的，不是一定要辛苦地重新寫一遍問題和解題過程。我們可以按照以下步驟進行：

1. 讓孩子解釋為什麼答錯。通常都是因為計算錯誤（例如減法忘記退位、忘記約分、應該用乘法卻用了加法等）、沒有讀完問題，或是沒辦法理解題目描述的內容。無論如何，讓孩子自己說出原因是很重要的。

2. 讓孩子重新寫一次答錯的題目。如果知道為什麼答錯，就可以輕鬆解開問題，解完題目孩子也會覺得很有趣，甚至下定決心以後不要再犯同樣的錯誤。

3. 讓孩子說明重新解題的過程。只需要讓孩子用嘴巴說出來，同樣可以達到整理錯題筆記本的目的。這樣對孩子來說不會太困難，他們也不會覺得這是一種懲罰。

4. 製作一個錯題存錢筒，把寫錯的問題和解答一起放進去，這也是一個不錯的選擇。當要準備期中考或期末考時，可以迅速地再檢視重新練習，非常有用。

如果已經這麼做了，孩子還是覺得很困難的話，就讓他口頭說明答錯的原因，先重新回答一遍之後再把寫錯的題目剪下來，存放在一個小存錢筒裡。等需要復習時就可以像抽籤一樣從小存錢筒中抽出答錯的題目，再回答一次。因為每次只抽一道題目，不知道會出現什麼樣的問題，所以這份期待感會減少孩子對錯題的反感。像玩抽問題遊戲一樣多玩幾次，正確率提高的問題就可以拿出來丟掉了。要是整理錯題筆記本的效果就已經很好的話，也不需要另外再找其他更輕鬆的方法；不過如果覺得很難做到，就必須尋找其他替代方案。這樣才能長久維持，也才能達到目的。

未來，培養孩子職涯彈性的關鍵

曾經有個國小老師經營班級的時候，用每個同學各有一份工作的概念，把負責打掃、開空調、檢查作業的任務轉換成環境美化員、氣象局長、統計局長等職業。學生在班級中有自己的工作，會領薪水也需要繳稅。某天擔任「防疫人員」的學生因為班上出現了一台自動手部消毒機而失業了。孩子們在班上就遇到了意想不到、突然失業的真實情境。

失業不只會在模擬情境中發生，現實生活中隨時都有可能出現第四次工業革命和新冠病毒這樣的疾病，很難預測未來什麼時候會面臨失業或需要轉換工作的狀況。許多父母都希望孩子能有一份穩定的工作、過著安穩的生活，然而現在看似穩定的職業，卻沒辦法保證在未來依然可以如此。

世界經濟論壇（World Economic Forum，WEF）在二〇二〇年發布了一份《未來工作報告》（*The Future of Jobs*）。報告中預測從二〇二〇年開始的未來二十五年內，將有八千五百萬個工作機會被自動化取代，也會出現九千七百萬個全新的工作機會。因此，在孩子將要生活的未來社會中，預計每個人平均都會擁有六到八個職業。

像我們過去一樣工作做到退休的時代已經結束了。以前的職業教育都說要努力學習、就讀好大學並找到一份好工作；然而現在一份工作做一輩子的概念已經完全改變了，我們必須接受這個事實。對於未來就業的思考也要調整：職業可以轉換、工作內容本身會改變，也會出現全新的工作。在這樣的環境下，備受矚目的能力就是「職涯彈性」。

職涯彈性指的是在遇到職業問題和相關危機的情境中，能夠迅速且有效地自我恢復的能力，也就是職涯方面的復原力。

為了應對自由學期制和高中學分制的職涯彈性

在國家層面的教育課程中，我們追求的職涯教育目標已經擴展到國小階段的「自我理解」、國中階段的「職涯探索」，以及高中階段的「職涯計畫」。近年來，隨著課綱公布修訂後，人們對職涯的關注程度也越來越高。目前部分高中實施學分制，這些都是為了加強職涯教育而訂定的政策。

在關於高中學分制的講座中，我發現許多家長不僅對制度的變革抱持防備的態度，還對實施內容有很多誤解。在教育孩子接受新的模式並靈活應對各種變化之前，我們這一代人應該要先改變目前的思考方式。

尤其是在高中學分制中，是希望孩子可以擺脫過去必須按照國家設定的教育課程上課的教育模式，讓孩子可以依照個人天賦，找到自己需要學習的內容，並為此拓展孩子可以選擇各項科目的範圍。有些家長擔心，認為孩子必須等高中時期完全確定自己的職涯方向，才能選擇和自己的職涯相關的課程並完成學業。這種想法並不是錯的，但我們也不能說過去在大學入學考試前夕，讓孩子們按照校內成績和入學考試成績來選擇可以申請的大學和科系的時代更好。許多學生最後因為選擇了不適合自己的科系而中途休學、重新參加大學入學考試，這不也是我們經常看到的情況嗎？

職涯彈性就是更早提供機會，讓孩子探索自己喜歡且擅長的事情，並根據這些來規劃職涯。應該要讓孩子去探索和自己的興趣、能力相關的職業領域，同時讓他們有機會體驗。

讓孩子了解在自己的個性和能力之中有許多不同的職業選擇，這點也相當重要。不需要一直只專注於大家趨之若鶩的方向。

不過，未來的職涯確實需要和自己的興趣和個性相符。我們需要跨越那種簡單用文科或理科分類的特質，更深入地了解自己。唯有真正了解自己，才能更輕鬆地適應各種變化。請記得，沒有必要勉強鯨魚學習爬樹的技巧（韓國諺語，意指每個人都有其特定的才能和適合的環境，就像鯨魚是水中生物，讓牠爬樹是不切實際的）。

我們現在生活的時代，不只是充滿不確定性，而是充滿了超級不確定性。由於時代科技的進步，我們每天都處在不同的環境中，因此需要不斷地自我創新。現在人們的平均壽命正在增長，就業穩定度卻不斷下滑。

今天學習到的知識不知道將來還能用多久。「一份工作做一輩子」的觀念已經消失，所以我們需要培養孩子面對全新挑戰的能力，快速適應變化。這就是為什麼我們需要職涯彈性的原因。

支撐職涯彈性最重要的態度，是能夠在遇到失敗和挫折後重新站起來的復原力。面對失敗的不安及恐懼，會讓人猶豫不敢上前挑戰。但如果不去挑戰，我們就無法找到創造價值的契機。不怕失敗和重新站起來的力量，在這個時候是非常必要的。

就像歐普拉．溫芙蕾（Oprah Winfrey）說：「我不相信失敗。如果你享受了這個過程，那就不是失敗。」或是像首爾大學教授李尚默在四十歲時因為交通事故而全身癱瘓，但他說：「我是幸運的。在事故之後，我真正了解到什麼叫做希望。」從德國納粹集中營裡存活下來的人，或是那些陷入破產危機中卻重新復甦的企業，還有我們身邊那些克服各種挑戰的一般人等等，在這些人身上我們能看到復原力的力量。然而並不是所有經歷困難的人都有這樣的想法，因為每個人的復原力都不同。

成功克服逆境和試煉並以此為跳板的人，是天生就繼承了父母的復原力嗎？不是的。每個人的復原力都是經過培養而形成的。尤其是在國小中高年級階段，提高非認知能力的教育比提高認知能力更為有效，這對總是認為太晚開始的父母來說，無疑是一件令人欣慰的事情。

尤其是非認知能力當中的復原力，它是一種能夠提高面對壓力情境耐受力的強大態度。調節壓力和自我情緒的能力，不僅在過了青春期之後依然可以改善，甚至在成年之後也可以持續。不要忘記，兒童時期後期和青少年時期是培養非認知能力的最佳時期。

後記——

子女是父母的鏡子

鏡像神經元的警示

「第一是榜樣，第二是榜樣，第三也是榜樣。」——史懷哲（**Albert Schweitzer**）

在大腦神經元中有一種叫做鏡像神經元（mirror neuron）的存在。鏡像神經元會在人類進行特定動作或觀察他人動作時活躍起來。讓我們回想一下，餵孩子吃飯時，我們是不是會不自覺地一起張開嘴巴？或者專注地看電影時，是不是主角哭泣我們也會跟著哭？這些都是出於鏡像神經元的作用。

由義大利神經生理學家賈科莫・里佐拉蒂（Giacomo Rizzolatti）領導的研究團隊發現，當猴子親自伸手拿花生時，大腦的活躍部分與猴子觀察其他人拿花生時的活躍部分相同。該處的大腦神經元被稱為鏡像神經元或情感共鳴神經元。這是首次在科學上證實「人類是社會存在」此一哲學命題的發現。

鏡像神經元使人容易被周遭人士的行為和感情同化，進而增強同理心。這裡所要提出的重點是，我們這些為人父母者的思想、言行、習慣都會傳遞給子女，而孩子們會模仿這些行為。

觀察學習的警示

美國心理學家亞伯特・班度拉（Albert Bandura）透過觀察學習（observational learning）來說明父母作為榜樣的作用。學習者不僅會透過親身體驗來學習，還會透過有意識地觀察和模仿他人被強化的行為來進行學習，這被稱為替代經驗（vicarious experience）。為了研究兒童如何對成年人的行為做出反應，班度拉進行了「波波玩偶實驗」。

實驗中，有一個被打倒後會重新站起來、像是不倒翁一樣的波波玩偶。一組孩子觀看大人不斷攻擊這個波波玩偶，另一組孩子則觀看大人溫和親切地對待並撫摸波波玩偶。結果如何呢？觀察到攻擊性行為的孩子們也對波波玩偶進行了攻擊，而觀察到親切與溫和行為的孩子們則撫摸並溫和地對待波波玩偶。

這項實驗中值得注意的是，孩子們不僅會模仿行為，還會模仿攻擊性的語言，比如辱罵和粗話等。班度拉稱之為模仿（modeling）。對孩子來說，觀察學習的首要對象是父母。因此，他們透過觀察父母的談話方式等習慣和態度來進行學習。

只要回想一下孩子學習母語的過程就很容易理解，會發現他們也是透過觀察父母和模仿來完成的。父母所展現的生活面貌會在某個時刻原封不動地出現在孩子的生活中，無論那是積極的還是消極的。

有些孩子在成長過程中看著自己的父親酗酒且有暴力傾向，便下定決心絕對不要成為那樣的父親，但是當他們長大成人後，自己卻也成為會對孩子施暴的酒鬼父親，變成了自己曾經最厭惡的樣子。

這就是觀察學習導致生活陷入循環和僵化的情況。因此韓國有句俗話說「在孩子面前連冰水也不能隨便喝」，因為就連不經意的行為也會被孩子們學習。

無論如何，子女的主要模仿對象都是父母，而模仿是透過傳遞家庭文化這個複合性的模因（meme）來實現的。我並不是在威脅家長說，孩子們就連細微的動作也容易有樣學樣，所以要小心。事實上，一般的孩子大多數都相信他們從父母那裡接收到的是健康和良善的影響，而不會懷疑。只是我希望孩子們不要止步於此，而是能夠成長為對他人產生正向影響的人。

孩子的問題行為背後是問題父母

「噹～噹～噹～噹」

隨著第一節課的上課鐘聲響起，二年級的學生們一起打開課本，等待上課。我看了一會兒，發現有一個座位空著。原來是在恩還沒來學校。我傳訊息給在恩的媽媽，但是沒有收到回覆。

後來，教室後方傳來開門聲，在恩進來了。學生們的視線不約而同地投向了在恩。

「在恩，你為什麼每次都遲到？」

有一位同學語氣不善地質問拖著腳步走進教室的在恩。

的確，跟準時到校的日子相比，在恩因為遲到而中途進教室的次數要多得多，多到同學們都習以為常了。由於已經開始上課，在恩遲到的事情便就此打住。等到下課後，我和在恩稍微聊了一下。

「在恩，你今天上學為什麼遲到呢？」

「……」

她並沒有回答，或者說她不會回答。可能是因為難以啟齒，但也有可能是因為她自己無法掌握上學遲到的原因。

「在恩，你今天早上幾點起床呢？」

「七點三十分。」

早上七點三十分這個起床時間並不算晚。如果沒有拖延，是完全可以準時抵達學校的。但是在恩說，她早上花了許多時間挑選衣服以及找書包。我回想她平時在學校吃營養午餐的樣子，猜想她吃早餐應該也花了不少時間。而且她也不會因為遲到就著急地往學校跑（畢竟她曾經在學校附近的文具店閒晃，後來被訓導主任發現而拉回教室）。

又有一次，已經快到九點了，在恩還沒有來學校，於是我聯絡她的父母。當我拿著電話，正等待接通的時候，在恩嘴角沾滿了紅色醬汁，打開教室的門進來了。

「在恩，今天為什麼遲到了呢？」

「因為我剛剛在吃義大利麵……」

啊……看來真的需要趕快找家長談一談了。我在學生們放學後聯絡了在恩的父母，並且約好要登門拜訪。

後來，在家訪過程中，我發現在恩的媽媽對於「遲到」這一行為毫不在意。她說全家人都喜歡睡懶覺。她還笑著說，尤其是那天早上的義大利麵並沒有想像中那麼好吃。

●●●

學校生活有足夠的空間和時間，讓那些從容上學的學生可以輕鬆地度過。在早自習時間開始之前，他們有時間與班導師或同學們聊天，而且準備上課的時間也很充裕，可以提前了解當天要學習的內容。他們可以一邊整理周圍的東西，一邊開始新的一天。

然而，在恩的早晨沒有空閒時間。不，應該說她根本無法進行晨間活動。由於準備時間不夠，她的一天彷彿被追趕似地匆匆忙忙度過。也因為沒有空閒時間，使得她和同學之間的關係也很疏遠。在恩的遲到習慣導致不穩定的學校生活，自然而然也對她的人際關係造成了問題。

儘管是非常瑣碎的微小習慣，也可能會導致比預想中更嚴重的後果。特別是不好的習慣，即使原因很小，產生的結果也會呈平方比而非僅呈等比。這不僅僅是孩子的問題，在孩子的問題行為背後，可能存在著父母錯誤的養育態度和行為榜樣。

如果父母強迫孩子遵守嚴格的紀律，同時卻對自己寬容，這麼做的確無法樹立好榜樣。然而，如果像在恩的父母那樣完全不在意孩子的問題行為，只認為「我們家本來就是這樣」，那麼孩子同樣不會產生改進的動力。

父母該成為什麼樣的榜樣呢？

孩子們聽從大人們的話，這從很久以前就被證明是「做不到的事」。但是孩子們在模仿大人的行為方面卻從未失敗過。——詹姆斯・鮑德溫（**James Mark Baldwin**）

除非有特殊情況，否則我每天早上五點就會坐在餐桌前。為了在工作和育兒之間騰出屬於自己的時間，早起成為了我不得不採取的一種做法。我曾經試圖尋找更輕鬆的方式，努力嘗試了不同的時間分配，但是都沒有找到更好的辦法。

在早晨，我會進行當天最需要集中注意力的事情。為了不浪費時間在早上起床後決定要做什麼，我會提早在前一晚規劃好需要完成的任務，並將清單放在餐桌上。這樣隔天早上只要簡單洗臉刷牙後準備一杯水，我就可以立即開始工作。由於整天都會聽到數百遍尋找「媽媽」和「老師」的聲音，使得我無法完全專注地做自己的事情，所以我會利用早晨這段專屬於自己的時間裡閱讀書籍，有時也寫寫文章之類的。

早上六點多，孩子們睡眼惺忪地走出房間。她們看到我坐在餐桌旁，馬上就會找到自己的位置坐下來。大女兒坐在一邊讀書，小女兒則坐在另一邊繼續念她昨天沒有念完的故事書。我們彼此關心，但不會干擾對方。每個人都在享受自己的早晨時光。

●●●

一切都始於父母的習慣

最理想的子女教育方式就是父母要養成好習慣。——施瓦夫

並不是只有小鴨子會把出生後第一次見到的主人黃色橡膠靴子，當作自己的父母跟著走。孩子的生活和知識也都是從出生以來初次締結的關係，亦即第一眼見到的父母開始的。家庭是孩子的第一所學校，父母則是第一位老師。家庭和父母便是如此成為孩子生活的第一塊基石。

而父母也會透過子女的模樣反思自己。父母的言語和行為隨時都會對子女產生重大的影響，與此同時，父母的樣子也會透過子女反映出來，因為子女是父母的鏡子。父母是子女在自我概念形成過程中，最先產生影響的「重要他人（significant others）」。

從學校回來的孩子一到家就把書包扔到了地上。這時，有些媽媽會打開孩子的書包拉鍊，一邊拿出餐具盒和水壺，一邊氣呼呼地嘮叨著：「放學回家後，書包要自己整理。」如果希望孩子養成「放學回家後自己整理書包」的習慣，但媽媽自己卻又去打開書包拉鍊，這樣就很尷尬了。從取出餐具盒和水壺到放入洗碗槽，這個過程必須由孩子自己多次有意識地反覆操作才可以。在媽媽事事都操心代勞的環境下，孩子可能感覺不到養成習慣的必要性。

還有一種情況是，為了培養孩子的讀書習慣，父母為孩子買了有趣的書，還準備了舒適的閱讀空間。但爸爸卻像是半勸半強迫地對孩子說：「讀點書好嗎？」然後安靜地在一旁收看體育賽事的精彩片段。你讀你的書，我看我的手機？這是一個巨大的矛盾。

我也是為人父母者，比誰都清楚父母整天都在工作有多辛苦，但我仍建議父母要以身作則。雖然要為孩子拿著一本自己已經累得讀不下去的書，這聽起來可能令人反感，但至少在孩子看得到的地方要小心。因為父母是家庭物理環境和心理環境的最主動塑造者。有時就連全然不經意的行為也會對孩子產生影響。一起吃飯的時候，家人的飲食習慣也會自然而然地傳遞給孩子。當然，這與父母的意願無關。父母的習慣，例如晚飯後躺在沙發上拿起遙控器，或者吃飯時不停地玩手機，這些雖然都是下意識的舉動，但已經為孩子們提供了重要的習慣環境。從長遠來看，唯一可以持續幫助孩子的人正是父母。這就是相較於口頭上的勸導和強迫，父母更應該以身作則的原因。

參考文獻

參考書籍

- 《青春期的腦內風暴：腦神經科學家教你如何面對衝動、易怒、難溝通、陰陽怪氣的青春期孩子》（*The Teenage Brain: A Neuroscientist's Survival Guide to Raising Adolescents and Young Adults*）法蘭西斯．詹森、艾蜜．依莉絲．納特，高寶出版
- 《不愛念書的孩子：韓國超過九九％的孩子所經歷的現實》，ＥＢＳ紀錄片製作團隊、咸貞敏、高慧真、李珍珠，해냄出版
- 《恆毅力：人生成功的究極能力》（*Grit: The Power of Passion and Perseverance*）安琪拉．達克沃斯，天下雜誌出版
- 《推力：每個人都可以影響別人、改善決策，做人生的選擇設計師》（*Nudge: The Final Edition*）理查．塞勒、凱斯．桑思坦，時報出版

- 《教學方法研究與應用的新模式：基於腦科學與動機理論》金恩珠，學志社出版
- 《忍耐力：其實你比自己想的更有耐力！棉花糖實驗之父寫給每個人的意志增強計畫》（*The Marshmallow Test: Mastering Self-Control*），沃爾特・米歇爾，時報出版
- 《心態致勝：全新成功心理學》（*Mindset: The New Psychology of Success*）卡蘿・杜維克，天下文化出版
- 《學習樂觀・樂觀學習》（*Learned Optimism*）馬丁・賽里格曼，遠流出版
- 《正向思考不是你想的那樣：讓你動力滿滿、務實逐夢的動機新科學》（*Rethinking Positive Thinking*）歐廷珍，天下文化出版
- 《安靜，就是力量：內向者如何發揮積極的力量》（*Quiet: The Power of Introverts in a World That Can't Stop Talking*）蘇珊・坎恩，遠流出版
- 《父母訓練指南：如何正確教育讓人擔心的孩子》野口啓示，베이직북스出版
- 《學校是什麼：EBS教育大計畫、超大型教育計畫》學校是什麼製作團隊，中央書局出版
- 《學習動機：理論暨研究與應用》金雅英、金聖一、方美美、趙允靜，학지사出版
- 《習慣力：打破意志力的迷思，不知不覺改變人生的超凡力量》（*Good Habits, Bad*

Habits: The Science of Making Positive Changes That Stick）溫蒂．伍德溫，天下雜誌出版
- 《七個讓愛延續的方法：兩個人幸福過一生的關鍵秘訣》（*The Seven Principles for Making Marriage Work*），約翰．高曼、妮安．希維爾，遠流出版
- 《復原力：將試煉轉變為幸運的內心堅韌力》金周歡，위즈덤하우스出版
- 《ＡＤＨＤ與社交技巧：為教師和父母提供的階段性指南》（*ADHD and Social Skills: A Step-By-Step Guide for Teachers and Parents*），Esta M. Rapoport，R&L Education 出版

參考網站和資料

- https://www.ssrn.com
〈The GED〉 James J. Heckman, John Eric Humphries, Nicholas Salomon Mader Social Science Research Network May 2010
- https://www.weforum.org/reports/the-future-of-jobs-report-2020
〈二〇二〇年工作報告〉（The Future of Jobs Report 2020），世界經濟論壇（World Economic forum），October 2020
- https://ged.kedi.re.kr/archives/archivesList.do

GED菁英教育綜合數據庫《工作手冊·指南》菁英教育實務手冊

參考影片

- SBS特別節目《我的孩子，在哪裡培養？》第2部 空間的力量

台灣廣廈國際出版集團
Taiwan Mansion International Group

國家圖書館出版品預行編目（CIP）資料

小學生正向習慣養成書：寫給現代家長的「非認知能力素養」，培養出孩子的積極性、主動性、自律性、復原力 / 河楡丁著. -- 初版. -- 新北市：台灣廣廈, 2024.09
面； 公分
ISBN 978-986-130-627-8（平裝）
1.CST: 學習方法 2.CST: 自主學習 3.CST: 小學生

521.1 1130082843

台灣廣廈

小學生正向習慣養成書

寫給現代家長的「非認知能力素養」，培養出孩子的積極性、主動性、自律性、復原力

作　　者／河楡丁
譯　　者／彭翊鈞
編輯中心執行副總編／蔡沐晨・**編輯**／陳宜鈴
封面設計／何偉凱・**內頁排版**／林珈伃・菩薩蠻數位文化有限公司
製版・印刷・裝訂／皇甫・秉成

行企研發中心總監／陳冠蒨
媒體公關組／陳柔彣
綜合業務組／何欣穎
線上學習中心總監／陳冠蒨
數位營運組／顏佑婷
企製開發組／江季珊、張哲剛

發 行 人／江媛珍
法律顧問／第一國際法律事務所 余淑杏律師・北辰著作權事務所 蕭雄淋律師
出　　版／台灣廣廈
發　　行／台灣廣廈有聲圖書有限公司
地址：新北市235中和區中山路二段359巷7號2樓
電話：（886）2-2225-5777・傳真：（886）2-2225-8052

代理印務・全球總經銷／知遠文化事業有限公司
地址：新北市222深坑區北深路三段155巷25號5樓
電話：（886）2-2664-8800・傳真：（886）2-2664-8801
郵政劃撥／劃撥帳號：18836722
劃撥戶名：知遠文化事業有限公司（※單次購書金額未達1000元，請另付70元郵資。）

■出版日期：2024年09月
ISBN：978-986-130-627-8